Vydávat
hlas
stvoření

„Království země, zpívejte Bohu!
Opěvujte Panovníka – Sela –
Jezdícího po nebesích, po nebi
dávnověkém. Hle,
vydává hlas, hlas přesilný."
(Žalm 68:33–34)

Vydávat
hlas
stvoření

Dr. Jaerock Lee

Vydávat hlas stvoření Dr. Jaerock Lee
Vydavatelství Urim Books (Zástupce: Johnny. H. Kim)
73, Yeouidaebang-ro 22-gil, Dongjak-gu, Seoul, Korea
www.urimbooks.com

Pokud není uvedeno jinak, všechny citace z Písma pocházejí z Bible, ČESKÉHO STUDIJNÍHO PŘEKLADU, ®, Copyright © 2009 Nakladatelství KMS, s.r.o. Použito s povolením.

Copyright © 2015 Dr. Jaerock Lee
ISBN: 979-11-263-1217-7 03230
Copyright překladu © 2013 Dr. Esther K. Chung. Použito s povolením.
Do českého jazyka přeložila Ing. Lenka Bartelová.

První vydání září 2023

Předtím vydáno v roce 2011 v korejštině vydavatelstvím Urim Books v Soulu, v Koreji

Úpravy: Dr. Geumsun Vin
Návrh: Designový tým Urim Books
Tisk: Prione Printing
Více informací získáte na: urimbook@hotmail.com

Úvodní slovo k vydání

Mám velkou naději, že čtenáři dostanou odpovědi a požehnání skrze hlas, který je plný díla stvoření...

Na tomto světě existuje mnoho nejrůznějších zvuků. Můžeme slyšet překrásné cvrlikání ptáků, nevinný smích malých dětí, jásání davu, zvuk benzínového motoru a zvuk hudby. To jsou zvuky, které existují v rámci rozsahu slyšitelné frekvence, ale existují i jiné zvuky jako ultrazvuk, které lidé neslyší.

Pokud je zvuková frekvence příliš vysoká nebo příliš nízká, zvuk neuslyšíme, i když skutečně existuje. Navíc, jsou také zvuky, které slyšíme pouze srdcem. Je to něco jako hlas našeho svědomí. Jaký je tedy nejkrásnější a nejmocnější zvuk? Je to „hlas stvoření", který vydává Bůh Stvořitel, původce všeho.

„Království země, zpívejte Bohu! Opěvujte Panovníka – Sela – Jezdícího po nebesích, po nebi dávnověkém. Hle, vydává hlas, hlas přesilný" (Žalm 68:34–35).

„A hle, sláva Boha Izraele přicházela směrem od východu; jeho hlas zněl jako zvuk mnohých vod a země zasvítila od jeho slávy" (Ezechiel 43:2).

Na počátku Bůh pojímal celý vesmír jako světlo s majestátním hlasem (1 Janův 1:5). Potom naplánoval „tříbení člověka", aby získal skutečné děti, se kterými by mohl sdílet opravdovou lásku, a začal existovat ve formě Boží trojice jako Otec, Syn a Duch svatý. Hlas stvoření měl Syn a Duch svatý stejně jako Otec.

Když nadešel ten správný čas, Boží trojice vydala hlas stvoření a byly stvořeny nebe a země a všechny věci na nich. Bůh řekl: „Budiž světlo," „Ať se vody pod nebesy shromáždí na jedno místo a ukáže se souš," „Ať země dá vyrašit trávě, zeleni vysévající semeno, ovocnému stromoví nesoucímu na zemi ovoce podle svého druhu, ve kterém je jeho semeno," „Ať jsou světla na nebeské klenbě, aby oddělovala den od noci," „Ať se vody hemží živou havětí a ať létavci létají nad zemí pod nebeskou klenbou" (Genesis 1:3; 1:9; 1:11; 1:14; 1:20)

Z toho důvodu mohou všechny stvořené věci slyšet mocný hlas stvoření Boží trojice a poslouchají ho mimo prostor a čas. Ve všech čtyřech evangeliích dochází k tomu, že když Ježíš promluví hlasem stvoření, utišuje i neživé věci jako vítr a vodu (Lukáš 8:24-25). Když Ježíš řekl ochrnutému: „Synu, odpouštějí se ti tvé hříchy" a „Vstaň, vezmi své lůžko a jdi do svého domu" (Matouš 9:2 a 9:6), ochrnutý vstal a odešel domů. Lidé sledující tuto scénu byli ohromeni a oslavovali Boha, který dal člověku tak velikou moc.

Jan 14:12 říká: „Amen, amen, pravím vám: Kdo věří ve mne, i on bude činit skutky, které činím já, a bude činit ještě větší skutky než tyto, neboť já jdu k Otci." Jak můžeme zakusit působení hlasu stvoření i dnes? Ve Skutcích se můžeme dočíst, že si Bůh lidi používal jako své nástroje, aby skrze ně projevil Boží moc, a to do té míry, že odhodili zlo ze svého srdce a tříbili v sobě svatost.

Petr řekl člověku, který nemohl chodit už od svého narození, aby ve jménu Ježíše Krista Nazaretského vstal a uchopil ho za pravou ruku. Muž se postavil a začal chodit a skákat. Když řekl Tabitě, která již byla mrtvá: „Tabito, vstaň!", mrtvá žena oživla. Apoštol Pavel oživil mrtvého mladíka jménem Eutychus a když lidé odnášeli k nemocným šátky a zástěry, kterých se dotkl, nemoci se od nich vzdalovaly a zlí duchové z nich vycházeli.

Toto dílo Vydávat hlas stvoření je poslední knihou „série o svatosti a moci". Ukazuje vám způsob, jak zakoušet Boží moc skrze jeho mocný hlas stvoření. Představuje také skutečné působení Boží moci, aby mohli čtenáři uplatňovat tento princip ve svém každodenním životě. Obsahuje rovněž „Příklady z Bible", které pomohou čtenářům porozumět duchovnímu světu a principům, podle kterých Bůh odpovídá na naše modlitby.

Tímto bych rád poděkoval Geumsun Vin, ředitelce nakladatelství Urim Books, a všem jejím spolupracovníkům a modlím se ve jménu Pána Ježíše, aby co možná nejvíce lidí dostávalo odpovědi na své modlitby a dostalo se jim požehnání díky zkušenosti s mocným hlasem, který projevuje skutky stvoření.

Jaerock Lee

Předmluva

Společně s růstem naší církve nám Bůh dopřál pořádat od roku 1993 do roku 2004 „Zvláštní dvoutýdenní probuzenecká setkání". To proto, aby Bůh mohl působit na členy církve a ti získali duchovní víru a nahlédli do dimenze dobroty, světla, lásky a Boží moci. Jak roky ubíhaly, Bůh je nechával zakoušet v jejich životech moc stvoření přesahující prostor i čas.

To, co se na těchto probuzeneckých setkáních kázalo, bylo pak sestaveno do série „Svatost a moc". Kniha Vydávat hlas stvoření nám vypráví o hlubokých duchovních věcech, které nejsou všeobecně známé, jako: původ Boha; původní nebesa; skutky moci, které se projevují skrze hlas stvoření a to, jak je zakoušet v našem každodenním životě.

Kapitola 1, „Původ", vysvětluje, kdo je Bůh, jeho existenci a jak a proč stvořil lidské bytosti. Kapitola 2, „Nebe", objasňuje skutečnost, že existuje mnoho nebes a Bůh vládne nad všemi z nich. To dál pokračuje tvrzením, že můžeme dostat odpověď na jakýkoli problém, pokud jen věříme v Boha, a to podle příkladu Naamána, velitele armády aramejského krále. Kapitola 3, „Boží trojice", vypráví o tom, proč Bůh původně rozdělil vesmír a začal existovat ve formě Boží trojice, a jaká je role každé osoby Boží trojice.

Kapitola 4, „Spravedlnost", rozebírá Boží spravedlnost a to, jak můžeme dostávat odpovědi na své modlitby v souladu s touto spravedlností. Kapitola 5, „Poslušnost", nám vypráví o Ježíši, který zcela poslouchal Boha a jeho slova, a prohlašuje, že i my musíme poslouchat Boha a jeho slova, abychom zakusili Boží působení. Kapitola 6, „Víra", odhaluje, že i když všichni věřící říkají, že věří, existují rozdíly v míře zodpovězených modliteb. Také nás učí, co musíme udělat, abychom projevovali takovou víru, která si dokáže získat dokonalou Boží důvěru.

Kapitola 7, „Za koho mě pokládáte vy?", objasňuje, jakým způsobem můžeme dostávat odpovědi na své modlitby, a to na příkladu Petra, kterému bylo zaslíbeno požehnání, když z hloubi svého srdce vyznal, že Ježíš je Pán. Kapitola 8, „Co chceš, abych ti učinil?", popisuje krok za krokem proces, jak slepec dostal odpověď na svou prosbu. Kapitola 9, „Jdi, a staň se ti, jak jsi uvěřil", odhaluje tajemství, jak setník dostal odpověď na svou prosbu a uvádí skutečné životní situace lidí z naší církve.

Ve jménu Pána Ježíše Krista se modlím, aby skrze tuto knihu všichni čtenáři porozuměli původu Boha a Božímu působení Trojice a dostali všechno, oč požádají. To všechno díky své poslušnosti a víře, které budou v souladu se spravedlností, takže budou moci vzdát Bohu slávu.

Duben, 2009
Geumsun Vin,
ředitelka vydavatelství

Obsah

Příklady z Bible I

Události, ke kterým došlo, když se v prvním nebi otevřela brána do druhého nebe

Příklady z Bible II

Třetí nebe a prostor třetí dimenze

Příklady z Bible III

Moc Boha, který ovládá čtvrté nebe

Kapitola 1 Původ

„

Pokud porozumíme původu Boha
a tomu, jak začal existovat lidský druh,
budeme moci vykonávat veškerou povinnost člověka -
bát se Boha a zachovávat jeho příkazy.

"

„Na počátku bylo Slovo a to Slovo bylo u Boha a to Slovo bylo Bůh. "

———————————

(Jan 1:1)

V dnešní době mnoho lidí vyhledává pomíjivé věci, protože nevědí o původu vesmíru ani o skutečném Bohu, který nad ním vládne. Dělají jen to, co se jim zlíbí, protože nerozumějí tomu, proč žijí na této zemi – skutečnému smyslu a významu života. Nakonec žijí životy jako vlnící se tráva ve větru, protože nevědí o svém skutečném původu.

Nicméně, můžeme věřit v Boha a žít život tak, že budeme vykonávat „veškerou povinnost" člověka, pokud porozumíme původu Boží trojice a tomu, jak člověk vznikl. Jaký je tedy původ Boží trojice, Otce, Syna a Ducha svatého?

Původ Boha

Jan 1:1 nám říká o Bohu na počátku, tedy o původu Boha. Kdy tedy nastal „počátek"? Byl před věčností, kdy ve všech prostorách vesmíru nebyl nikdo jiný než Bůh Stvořitel. Veškeré prostory vesmíru neukazují pouze na viditelný vesmír. Mimo prostor vesmíru, ve kterém žijeme, existují také nepředstavitelně rozlehlá a nezměřitelná místa. V celém vesmíru včetně všech těchto prostor existoval Bůh Stvořitel sám o sobě už před věčností.

Protože všechno na této zemi má své hranice a svůj počátek a konec, většina lidí nedokáže snadno porozumět konceptu „před věčností". Bůh snad mohl raději říct: „Na počátku byl Bůh," proč tedy řekl: „Na počátku bylo Slovo"?

To proto, že tenkrát Bůh neměl „podobu" či „vzhled", jaký má teď.

Lidé na tomto světě mají hranice, a tak vždycky potřebují nějakou hmotnou formu nebo podobu, na kterou se mohou podívat a dotknout se jí. Z toho důvodu si vytvářejí rozmanité modly, které uctívají. Jak se ale člověkem vytvořené modly mohou stát bohem, který stvořil nebe a zemi a všechno na nich? Jak se mohou stát bohem, který má kontrolu nad životem, smrtí, štěstím a neštěstím a dokonce nad lidskými dějinami?

Bůh existoval na počátku jako Slovo, ale aby člověk mohl rozpoznat existenci Boha, vzal na sebe podobu. V jaké formě tedy existoval Bůh, který byl na počátku Slovem? Existoval jako překrásné světlo a majestátní hlas. Nepotřeboval jméno ani podobu. Existoval jako světlo, které v sobě pojímá hlas, a vládl nad všemi prostorami ve vesmíru. Jak se říká v Janově evangeliu 1:5, že Bůh je světlo, Bůh pokrýval světlem všechny prostory v celém vesmíru a pojímal v sobě hlas. Tento hlas je „Světlo" zmiňované v Janovi 1:1.

Původní Bůh naplánoval tříbení člověka

Když nastal čas, Bůh, který existoval na počátku jako Slovo, pojal plán. Byl to plán „tříbení člověka". Jednoduše řečeno, šlo o plán stvoření člověka a jeho rozmnožení na

Zemi, aby se pak z některých lidí mohly stát skutečné Boží děti, které se budou podobat Bohu. Potom by je Bůh vzal do nebeského království, kde s ním budou šťastně žít navěky a sdílet s ním lásku.

Potom, co Bůh pojal tento plán, začal ho krok za krokem realizovat. Nejprve rozdělil celý vesmír. To podrobněji rozeberu ve 2. kapitole. Ve skutečnosti totiž všechny prostory byly jen jediným místem a Bůh rozdělil toto jedno jediné místo do mnoha prostorů podle potřeby tříbení člověka. Po rozdělení na několik prostorů došlo k velmi důležité události.

Před počátkem zde existoval jeden Bůh, ale nyní Bůh začal existovat jako Trojice v podobě Otce, Syna a Ducha svatého. Bylo to, jako by Bůh Otec porodil Boha Syna a Boha Ducha svatého. Z tohoto důvodu Bible odkazuje na Ježíše jako na jednorozeného Božího Syna. Židům 5:5: „Ty jsi můj syn, já jsem tě dnes zplodil."

Bůh Syn a Bůh Duch svatý mají stejné srdce a moc jako Bůh, protože pocházejí z jednoho Boha. Trojice je ve všem stejná. Z tohoto důvodu Filipským 2:6-7 o Ježíši říká: „Ačkoli byl ve způsobu Božím, nelpěl na tom, že je roven Bohu, nýbrž sám sebe zmařil, vzal na sebe způsob otroka a stal se podobným lidem. A když se ukázal v podobě člověka, ponížil se, stal se poslušným až k smrti, a to smrti na kříži."

Obraz Boží trojice

Na počátku Bůh existoval jako Slovo, které v sobě pojímalo světlo, ale kvůli tříbení člověka na sebe vzal formu Boží trojice. Boží podobu si můžeme představit, když pomyslíme na scénu, ve které Bůh stvořil člověka. Genesis 1:26 uvádí: „I řekl Bůh: Učiňme člověka k našemu obrazu, jako naši podobu, aby panovali nad mořskými rybami, nad nebeským ptactvem, nad dobytkem a nad celou zemí i nad všemi plazy pohybujícími se na zemi." „Učiňme" zde odkazuje na Trojici Otce, Syna a Ducha svatého a my z toho můžeme vyvodit, že jsme byli stvořeni k obrazu Boží trojice.

Říká se zde: „Učiňme člověka k našemu obrazu, jako naši podobu." Z toho můžeme také vyrozumět, jaký obraz Boží trojice má. Samozřejmě, že stvoření člověka k Božímu obrazu neznamená pouze to, že se náš vnější vzhled podobá Bohu. Člověk byl i uvnitř ve svém nitru stvořen k Božímu obrazu a naplněn dobrotou a pravdou.

Avšak první člověk Adam zhřešil neposlušností a ztratil prvotní obraz, který mu byl dán při stvoření. Zkazil se a pošpinil se hříchy a zlem. Proto, pokud opravdu rozumíme tomu, že naše tělo a srdce byly stvořeny k Božímu obrazu, měli bychom obnovit tento ztracený Boží obraz.

Bůh stvořil člověka, aby získal skutečné děti

Po rozdělení prostorů začala Boží trojice tvořit jednu

po druhé nezbytné věci pro svůj plán. Například, když Bůh existoval jako světlo a hlas, nepotřeboval svůj příbytek. Ale potom, co na sebe vzal podobu, potřeboval příbytek stejně jako anděly a nebeské zástupy, které by mu sloužily. A tak nejprve stvořil duchovní bytosti v duchovním světě a potom stvořil všechny věci ve vesmíru, ve kterém žijeme.

Samozřejmě, že nestvořil nebe a zemi v našem prostoru hned potom, co stvořil všechno v duchovním světě. Potom, co trojjediný Bůh stvořil duchovní svět, žil zde s nebeskými zástupy a anděly po nezměrně dlouhou dobu. Až po tomto dlouhém období stvořil všechny věci v tomto fyzickém prostoru. A až potom, co stvořil veškeré prostředí, ve kterém mohou žít lidské bytosti, stvořil člověka podle svého vlastního obrazu.

Jaký měl tedy Bůh důvod, že stvořil člověka, třebaže mu sloužili nesčetní andělé a nebeské zástupy? To proto, že chtěl získat skutečné děti. Skutečné děti jsou ty, které se podobají Bohu a dokážou s Bohem sdílet opravdovou lásku. S výjimkou několika zvláštních bytostí nebeský zástup a andělé bezpodmínečně poslouchají Boha a slouží mu, a to ve stejném smyslu jako roboti. Jestliže pomyslíte na rodiče a děti, žádní rodiče by neměli raději poslušné roboty více než své vlastní děti. Milují své děti, protože mohou mezi sebou navzájem dobrovolně sdílet lásku.

Lidské bytosti jsou na druhou stranu schopné poslouchat

a milovat Boha ze své svobodné vůle. Samozřejmě, že lidé nedokážou porozumět Božímu srdci a sdílet s ním lásku hned, jak se narodí. Musí nejprve mnoho věcí zažít při tom, jak rostou, aby dokázali vnímat Boží lásku a uvědomit si veškerou povinnost člověka. Pouze takoví lidé milují Boha svým srdcem a zachovávají jeho vůli.

Takoví lidé nemilují Boha z donucení. Neposlouchají Boží slova ze strachu z odplaty. Milují Boha a vzdávají mu díky ze své svobodné vůle. A jejich postoj se nemění. Bůh naplánoval tříbení člověka, aby získal skutečné děti, se kterými by mohl sdílet lásku, dávat a přijímat z hloubi svého srdce. Aby se to mohlo uskutečnit, stvořil prvního člověka Adama.

Původ člověka

Jaký je tedy původ člověka? Genesis 2:7 říká: „Hospodin Bůh vytvořil člověka z prachu ze země, a do jeho chřípí vdechl dech života; a člověk se stal živou duší." A tak jsou lidé zvláštními bytostmi, které přesahují veškeré věci, které předpovídá Darwinova evoluční teorie. Lidské bytosti se nevyvinuly z nižších živočichů a nedostaly se až na dnešní úroveň. Lidé byli stvořeni k Božímu obrazu a Bůh jim vdechl dech života. To znamená, že jak duch, tak tělo, pocházejí od Boha.

Proto jsou lidé duchovní bytosti, které pocházejí shůry. Z toho důvodu bychom o sobě neměli přemýšlet jen jako o poněkud dokonalejších zvířatech. Podíváme-li se na fosílie, které se prezentují jako důkaz evoluce, neexistují žádné fosílie v podobě mezičlánků, které by spojovaly různé druhy. Na druhou stranu existuje mnohem více důkazů pro stvoření.

Všichni lidé mají například dvě oči, dvě uši, jeden nos a jedny ústa. A to všechno se nachází na stejném místě. A nejde jenom o lidi. Všechny druhy živočichů mají téměř stejnou základní strukturu. To je důkaz, že všichni živí tvorové byli vytvořeni jediným Stvořitelem. Mimo to skutečnost, že všechny věci ve vesmíru fungují v dokonalém řádu bez jediné chyby, je důkazem Božího stvoření.

V dnešní době si mnoho lidí myslí, že se lidské bytosti vyvinuly ze zvířat, a proto si neuvědomují, odkud pocházejí a proč vlastně žijí. Jakmile si však uvědomíme, že jsme svaté bytosti, které byly stvořeny k Božímu obrazu, můžeme pochopit, kdo je náš Otec. Potom se přirozeně budeme snažit žít podle jeho Slova a podobat se mu.

Můžeme se domnívat, že náš otec je náš fyzický otec. Ale pokud budeme postupovat dál, dojdeme k tomu, že náš první fyzický otec je první člověk Adam. A tak dojdeme k tomu, že náš opravdový Otec je Bůh, který stvořil lidské bytosti. Původně dal semínka života Bůh. V tomto smyslu naši rodiče pouze propůjčili svá těla jako nástroje pro tato semínka, aby se mohla sloučit a my jsme mohli být počati.

Semínka života a početí

Bůh dal semínko života. Mužům dal spermie a ženám vajíčka, aby mohli plodit děti. S ohledem na to lidé nemohou zplodit děti ze svých vlastních sil. To Bůh jim dal semínka života, aby mohli dát život.

Semínka života v sobě obsahují Boží moc, která dokáže vytvořit všechny lidské orgány. Jsou příliš malá, aby byla viditelná pouhým okem, ale jsou v nich ukryty osobnost, vzhled, zvyky a životní síla. A tak když se děti narodí, podobají se svým rodičům nejenom svým vzhledem, ale také svou osobností.

Jestliže mají lidé schopnost zplodit děti, proč tedy existují neplodné páry, které zápasí s tím, že nemohou mít děti? Početí náleží výhradně Bohu. V dnešní době se na klinikách provádí umělé oplodnění, ale nikdy nedokážeme vytvořit spermii a vajíčko. Moc stvoření náleží výhradně jen Bohu.

Mnoho věřících, nejenom z naší církve, ale také z církví v jiných zemích, zakusilo tuto Boží moc stvoření. Mnoho párů nemohlo mít děti po velmi dlouhou dobu svého manželství, i více než 20 let. Vyzkoušeli všechny možné dostupné metody, ale bezvýsledně. Po modlitbách se však mnohým z nich narodily zdravé děti.

Před několika lety navštívil naše probuzenecké setkání pár žijící v Japonsku a já jsem se za ně modlil. Nejenom, že byli uzdraveni ze svých nemocí, ale přijali také požehnání v podobě početí. Takové zprávy se šíří velmi rychle a mnoho

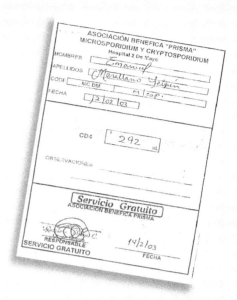

jistý, že jsem byl uzdraven a navštívil jsem nemocnici. Diagnóza zněla, že počet buněk CD4 imunitního systému se zvýšil tak dramaticky, že se nacházel v normálním rozmezí.

AIDS je nevyléčitelná nemoc, která se moderně nazývá černou smrtí. HIV ničí buňky CD4 imunitního systému. To extrémně snižuje fungování imunitního systému, což způsobuje další komplikace a nakonec vede ke smrti.

Buňky CD4 imunitního systému umíraly a je naprosto úžasné, že se díky modlitbě reverenda Dr. Jaerocka Lee obnovily.

Výňatek z knihy Mimořádné věci

lidí z Japonska ke mně pak přicházelo pro modlitby. Také se jim dostalo požehnání v podobě početí podle jejich víry. To nakonec vedlo k tomu, že byla v této oblasti založena pobočka naší církve.

Všemohoucí Bůh Stvořitel

V dnešní době vidíme rozvoj sofistikované lékařské vědy, ale stvořit život lze pouze z moci Boha, vládce nad veškerým životem. Skrze Boží moc byli ti, kdo vydechli naposledy, vráceni zpět do života; ti, kdo v nemocnici dostali rozsudek smrti, byli uzdraveni a došlo k uzdravení mnoha nevyléčitelných nemocí, které lidská věda nebo medicína nedokázala vyléčit.

Jen mocný hlas stvoření, který vydal Bůh, dokáže vytvořit něco z ničeho. Dokáže projevit skutky moci, u kterých není nic nemožné. Římanům 1:20 říká: „Jeho věčnou moc a božství, ačkoli jsou neviditelné, lze totiž od stvoření světa jasně vidět, když lidé přemýšlejí o jeho díle, takže jsou bez výmluvy." Pouhým pohledem na všechny tyto věci můžeme vidět moc a božskou přirozenost Boha Stvořitele, který je původcem všech věcí.

Pokud se lidé snaží pochopit Boha v rámci svého vlastního poznání, s určitostí narazí na své limity. Proto mnoho lidí nevěří slovům napsaným v Bibli. Někteří říkají, že věří, ale nevěří úplně všemu, co se v Bibli píše. Protože Ježíš znal tuto situaci lidí, potvrzoval slova, která kázal, mnoha mocnými

skutky. Řekl: „Neuvidíte-li znamení a divy, jistě neuvěříte"
(Jan 4:48).

Dnes je to stejné. Bůh je všemohoucí. Věříme-li v tohoto
všemohoucího Boha a zcela na něj spoléháme, můžeme
vyřešit jakýkoli problém a může dojít k uzdravení jakékoli
nemoci.

Bůh začal tvořit všechny věci svými slovy: „Budiž
světlo!" Když promluví hlas stvoření Boha Stvořitele, slepí
prohlédnou a lidé upoutaní na invalidním vozíku a chodící o
berlích začnou chodit a skákat. Mám naději, že když budete
mít víru, dostanete odpovědi na všechny své modlitby a
přání, protože promluví Boží hlas stvoření.

Emmanuel Marallano Yaipen (Lima, Peru)

Osvobození od strachu
před AIDS

V roce 2001 jsem podstoupil zdravotní prohlídku, abych se mohl přidat do armády a vyslechl jsem si větu: „Jste HIV pozitivní." Byla to naprosto nečekaná a zdrcující zpráva. Cítil jsem se prokletý.

Do té doby jsem nebral častý průjem příliš vážně.

Zůstal jsem tam jen tak sedět na židli a cítil se úplně bezmocný.

„Jak o tom řeknu své matce?"

Cítil jsem bolest, ale mé srdce bylo ještě více zlomené při pomyšlení na mou matku. Trpěl jsem častým průjmem a měl plíseň v ústech a na konečcích prstů. Začal mě postupně zachvacovat strach ze smrti. Později jsem uslyšel, že se do Peru chystá v prosinci 2004 přijet mocný Boží služebník z Jižní Koreje. Nedokázal jsem však uvěřit, že bych mohl být ze své nemoci uzdraven.

Vzdal jsem to, ale moje babička mě důrazně nabádala, abych navštívil jeho kampaň. Nakonec jsem se vydal do „Campo de Marte", kde se konala „Sjednocená kampaň v Peru 2004 s reverendem Dr. Jaerockem Lee". Chtěl jsem se chopit této své poslední naděje.

Moje tělo se rozechvělo mocí Ducha svatého, už když jsem poslouchal reverendovo slovo. Působení Ducha svatého se na místě projevilo řadou zázraků.

Rev. Dr. Jaerock Lee se nemodlil za každého jednotlivce zvlášť, ale modlil se za celý zástup. Přesto mnoho lidí dosvědčilo, že byli uzdraveni. Hodně lidí se zvedlo z invalidních vozíků a odhodilo své berle. Mnozí se radovali, že byli uzdraveni ze svých nevyléčitelných nemocí.

A zázrak se přihodil i mně. Potom, co kampaň skončila, jsem šel do koupelny a poprvé po dlouhé době jsem močil normálně. Za dva a půl měsíce přestaly průjmy. Moje tělo se cítilo tak lehce. Byl jsem si

Kapitola 2 Nebe

> Bůh přebývá ve čtvrtém nebi,
> vládne všem nebesům,
> prvnímu nebi, druhému nebi
> i třetímu nebi.

Mnoho nebes

První nebe a druhé nebe

Zahrada v Edenu

Třetí nebe

Čtvrté nebe, Boží příbytek

Všemohoucí Bůh Stvořitel

Všemohoucí Bůh Stvořitel přesahuje lidské hranice

Setkání se všemohoucím Bohem Stvořitelem

„ Ty jediný jsi Hospodin. Ty jsi učinil nebesa, nebesa nebes i všechen jejich zástup, zemi i všechno, co je na ní, moře i všechno, co je v nich. Ty oživuješ všechno, tobě se klanějí nebeské zástupy. "

(Nehemjáš 9:6)

Bůh přesahuje lidské hranice. Existuje od věčnosti po celou věčnost. Svět, ve kterém žije, je prostor, jehož rozměr se zcela liší od rozměru tohoto světa. Viditelný svět, ve kterém žijí lidé, je fyzický svět, a prostor, ve kterém přebývá Bůh, je duchovní svět. Duchovní svět s určitostí existuje, ale pouze proto, že není viditelný našemu fyzickému zraku, lidé mají tendenci popírat jeho existenci.

Kdysi jeden astronaut řekl: „Procestoval jsem vesmír, ale Bůh tam nebyl." Jak hloupá to byla poznámka! Má za to, že viditelný vesmír je všechno, co existuje. Avšak i astronomové mohou pouze říct, že i tento viditelný vesmír je neomezený. A kolik z tohoto rozlehlého vesmíru tento astronaut viděl, že si dovolí popírat Boží existenci? Protože my lidé máme své hranice, nedokážeme vysvětlit všechny věci ve vesmíru, ve kterém žijeme.

Mnoho nebes

Nehemjáš 9:6 říká: „Ty jediný jsi Hospodin. Ty jsi učinil nebesa, nebesa nebes i všechen jejich zástup, zemi i všechno, co je na ní, moře i všechno, co je v nich. Ty oživuješ všechno, tobě se klanějí nebeské zástupy." tento verš nám říká, že neexistuje jenom jedno nebe, ale mnoho nebes.

Kolik nebes ve skutečnosti existuje? Věříte-li v nebeské království, pravděpodobně pomyslíte na dvoje nebesa. Jedno nebe je na tomto fyzickém světě a druhé v nebeském království, kde je nebem duchovního světa. Bible nicméně zmiňuje četné množství nebes na mnoha místech.

„Království země, zpívejte Bohu! Opěvujte Panovníka – Sela – Jezdícího po nebesích, po nebi dávnověkém. Hle, vydává hlas, hlas přesilný" (Žalm 68:33-34).

„Což opravdu bude Bůh sídlit na zemi? Vždyť nebesa ani nebesa nebes tě nemohou pojmout, tím méně tento dům, který jsem postavil." (1 Královská 8:27)

„Znám člověka v Kristu, který byl před čtrnácti lety vytržen až do třetího nebe – zda v těle, nevím, nebo mimo tělo, nevím, Bůh to ví" (2 Korintským 12:2).

Apoštol Pavel, který byl vzat do třetího nebe, nám říká o tom, že existuje první, druhé a třetí nebe a mohlo by existovat i více nebes.

Také Štěpán pronesl ve Skutcích 7:56: „Hle, vidím nebesa rozevřená a Syna člověka, jak stojí po pravici Boží." Pokud má člověk otevřený duchovní zrak, může vidět duchovní svět a uvědomit si existenci nebeského království.

V dnešní době i mnozí vědci říkají, že existuje mnoho nebes. Jedním z vůdčích vědců v této oblasti je Max Tegmark, kosmolog, který představil koncept čtyřúrovňové hierarchie mnohovesmíru.

Tento koncept v podstatě říká, že je náš vesmír, na základě kosmologických pozorování, částí celého vesmíru, kde existuje mnoho vesmírů, a každý vesmír může mít zcela odlišné fyzikální vlastnosti.

Odlišné fyzikální vlastnosti znamenají, že vlastnosti času a prostoru se mohou velmi různit. Samozřejmě, že věda nedokáže vysvětlit veškeré věci o duchovním světě. Nicméně, i díky vědeckému přístupu můžeme získat alespoň malé povědomí o tom, že náš vesmír není všechno, co existuje.

První nebe a druhé nebe

Mnoho nebes lze obecně rozdělit do dvou podkategorií. Existují nebe v duchovním světě, která jsou našim očím neviditelná, a nebe ve fyzickém světě, ve kterém žijeme. Fyzický vesmír, ve kterém žijeme, je první nebe a od druhého nebe dále se jedná o duchovní svět. Ve druhém nebi existuje oblast světla, kde se nachází zahrada v Edenu, a oblast tmy, kde přebývají zlí duchové.

Efezským 2:2 říká, že zlí duchové jsou „vládci mocností vzduchu" a tento „vzduch" patří druhému nebi. Genesis 3:24 nám vypráví o tom, že Bůh postavil od východu k zahradě Eden cheruby s míhajícím se plamenným mečem, aby střežili cestu ke stromu života.

„Vyhnal ho a postavil od východu k zahradě Eden cheruby s míhajícím se plamenným mečem, aby střežili cestu ke stromu života."

Proč je Bůh postavil od východu? To proto, že „východ" funguje jako hranice mezi světem zlých duchů a zahradou v Edenu, která náleží Bohu. Bůh střežil zahradu, aby zabránil zlým duchům proniknout do zahrady, sníst ovoce ze stromu života a získat věčný život.

Dříve, než Adam pojedl ze stromu poznání dobrého a zlého, měl autoritu vládnout nad zahradou v Edenu, kterou získal od Boha, a všemi věcmi v prvním nebi. Adam byl však vyhnán ze zahrady, protože neposlechl Boha a jedl ze stromu poznání. Od té doby musel střežit zahradu v Edenu, kde se nacházel strom života, někdo jiný. Z toho důvodu Bůh postavil namísto Adama k zahradě Eden cheruby s míhajícím se plamenným mečem, aby zahradu střežili.

Zahrada v Edenu

Ve 2. kapitole knihy Genesis se píše, že potom, co Bůh stvořil Adama z prachu této země, vytvořil zahradu v Edenu a Adama do ní přivedl. Adam byl „živým tvorem" nebo také „živou duší". Byl duchovní bytostí, do které Bůh vdechl dech života. To je důvod, proč ho Bůh přivedl do druhého nebe, které je duchovním prostorem, aby v něm Adam žil.

Bůh mu rovněž požehnal, aby si vše podmanil a nade vším vládl, když odešel na Zemi do prvního nebe. Potom, co Adam zhřešil svou neposlušností vůči Bohu, jeho duch zemřel a on už nemohl setrvávat v duchovním prostoru. Proto byl vyhnán na Zemi.

Ti, kdo nerozumějí této skutečnosti, se stále snaží najít zahradu Eden na Zemi. To proto, že nechápou, že zahrada Eden se nachází ve druhém nebi, v duchovním světě, a ne v tomto fyzickém světě.

Pyramidy v egyptské Gíze, jeden ze sedmi divů světa, jsou sofistikované a kolosální stavby až do té míry, že se jeví, jako by nebyly postaveny pomocí lidské technologie. Průměrná hmotnost každého kusu kamene je 2,5 tuny. Pyramidu přitom tvoří 2,3 milióny kamenů. Odkud lidé získali všechny ty kameny? A jaké nářadí použili, aby pyramidy v té době dokázali postavit?

Kdo je tedy postavil? Na tyto otázky lze snadno odpovědět, pokud porozumíme konceptu mnoha nebes a duchovnímu prostoru. Více podrobností najdete v knize „Slovo o Genesis". Kdo tedy potom, co byl Adam kvůli své neposlušnosti vyhnán ze zahrady v Edenu, žije v zahradě?

V Genesis 3:16 Bůh pověděl Evě potom, co se dopustila hříchu: „Velice rozmnožím tvé strádání a tvou úzkost, v bolestech budeš rodit děti." „Rozmnožím" znamená, že při porodu existovala bolest, která se ale potom dramaticky zvětšila. Genesis 1:28 rovněž hovoří o tom, že se Adam a Eva „množili", což znamená, že Eva rodila děti, zatímco žila v zahradě v Edenu.

Proto měli Adam a Eva v zahradě v Edenu nespočet dětí. A ty tam stále žijí i potom, co byli Adam a Eva ze zahrady v Edenu kvůli svým hříchům vyhnáni. Jde tedy o to, že předtím, než Adam zhřešil, mohli lidé žijící v zahradě v Edenu svobodně cestovat na Zemi, omezení vznikla až potom, co byl Adam ze zahrady vyhnán.

Pojetí času a prostoru mezi prvním nebem a druhým nebem se velmi liší. Ve druhém nebi také existuje plynutí času, ale není tak omezené jako v prvním nebi, našem fyzickém světě. V zahradě Eden nikdo nestárne ani neumírá. Nic nehyne ani nezaniká. I po velmi dlouhé době lidé v zahradě v Edenu nepociťují tak veliký rozdíl v čase. Cítí se, jako kdyby žili v čase, který neplyne. Také prostor v Edenu je neomezený.

Kdyby lidé v prvním nebi neumírali, byl by jednoho dne přeplněný lidmi. Druhé nebe má však neomezený prostor, který nikdy nebude přeplněný lidmi, a to bez ohledu na to, kolik lidí se narodí.

Třetí nebe

A máme tu ještě další nebe, které patří k duchovnímu světu. Je to třetí nebe, kde se nachází nebeské království. To je místo, kde budou navždy žít Boží děti. Apoštol Pavel dostal jasné zjevení a vize od Pána a v 2 Korintským 12:2-4 řekl: „Znám člověka v Kristu, který byl před čtrnácti lety vytržen až do třetího nebe – zda v těle, nevím, nebo mimo tělo, nevím, Bůh to ví. A vím, že tento člověk – bylo-li to v těle či bez těla, nevím, Bůh to ví – byl vytržen do ráje a uslyšel nevypravitelné věci, o nichž není člověku dovoleno promluvit."

Zrovna jako existuje hlavní město každé země a jiná menší města a ještě menší města, existuje také mnoho příbytků v nebeském království počínaje městem Nový Jeruzalém, kde se nachází Boží trůn, po ráj, který lze pokládat za okrajovou část nebeského království. Naše příbytky v nebi se budou lišit v závislosti na tom, jak hodně jsme milovali Boha, a podle míry, do jaké jsme tříbili srdce pravdy a obnovili ztracený Boží obraz na této zemi.

Třetí nebe je dokonce ještě méně omezeno časem a prostorem než druhé nebe. Má věčný čas a nekonečný prostor. Pro lidské bytosti, které žijí v prvním nebi, je obtížné pojmout prostor a čas nebeského království. Přemýšlejme chvíli o balónu. Než do balónu fouknete vzduch, jsou plocha a objem balónu omezené. To se ale může dramaticky změnit v závislosti na množství vzduchu, který do něj fouknete. S prostorem v nebeském království je to obdobné. Když stavíme tady na zemi dům, potřebujeme kus země, a prostor, který můžeme na této zemi vytvořit, bude omezený. Avšak v prostoru třetího nebe mohou být domy stavěny velmi odlišným způsobem než tady na zemi, protože pojetí plochy, objemu, délky nebo výšky přesahuje ta stejná pojetí tady na zemi.

Čtvrté nebe, Boží příbytek

Čtvrté nebe je původní prostor, kde Bůh existoval před počátkem, dříve než rozdělil celý vesmír do několika nebí. Ve čtvrtém nebi je bezvýznamné používat pojetí času a prostoru. Čtvrté nebe přesahuje každé pojetí času a prostoru a na takovém místě bude cokoli, po čem Bůh zatouží ve své mysli, vykonáno ihned, jak by se stalo.

Vzkříšený Pán se zjevil svým učedníkům, kteří se obávali Židů a skrývali se v domě za zamčenými dveřmi (Jan 20:19-29). Zjevil se uprostřed domu, i když mu nikdo neotevřel. Zjevil se také zničeho nic svým učedníkům v Galileji a jedl s nimi (Jan 21:1-14). Byl tady na zemi po dobu čtyřiceti dnů a pak před zraky mnoha lidí vystoupil v oblacích na nebesa. Můžeme tedy vidět, že vzkříšený Ježíš Kristus mohl přesahovat fyzický prostor a čas.

O co víc budou fyzický prostor a čas přesahovat věci ve čtvrtém nebi, kde kdysi přebýval Bůh? Zrovna jako pojímal veškerý prostor ve vesmíru a vládl nad ním, když existoval ve formě světla obsahujícího hlas, vládne nade vším v prvním nebi, druhém nebi a třetím nebi, zatímco přebývá ve čtvrtém nebi.

Všemohoucí Bůh Stvořitel

Tento svět, kde žijí lidské bytosti, je jen velmi malou tečkou ve srovnání s ostatními prostornými a záhadnými nebesy. Lidé dělají na zemi všechno možné, aby mohli žít lepší život, a procházejí při tom všemožnými těžkostmi a obtížemi. Věci na zemi se jim zdají komplikované a problémy obtížně řešitelné, nic z toho ale nepředstavuje problém pro Boha.

Dejme tomu, že pozorujete svět mravenců. Občas mají mravenci velké potíže unést jídlo. Člověk ho však může dát do mravenčího obydlí velmi snadno. Pokud se mravenec setká s kaluží příliš velkou na to, aby ji přešel, člověk ho může vzít do ruky a přenést ho na zemi na druhé straně. Jakkoli obtížný může být jakýkoli problém pro mravence, pro člověka je to maličkost. Podobně, s pomocí Boha všemohoucího nemusí být nic problém pro nás.

Starý zákon mnohokrát dosvědčuje všemohoucnost Boha. Díky všemohoucí Boží moci bylo rozděleno Rudé moře a byla zastavena rozvodněná řeka Jordán. Slunce a měsíc zůstaly stát, a když Mojžíš udeřil svou holí do skály, vytryskla z ní voda. Bez ohledu na to, jak velikou má člověk moc, jak velké má bohatství a kolik vědomostí nashromáždil, je možné, aby rozdělil moře a zastavil slunce a měsíc? Ježíš řekl v Markovi 10:27: „U lidí je to nemožné, ale ne u Boha. Neboť u Boha je možné všechno."

Nový zákon rovněž představuje mnoho případů, kdy byli z Boží moci nemocní nebo postižení uzdraveni a úplně se zotavili a dokonce i mrtví přivedeni zpět k životu. Když lidé odnášeli k nemocným šátky a zástěry, kterých se Pavel dotkl, nemoci se od nich vzdalovaly a zlí duchové z nich vycházeli.

Všemohoucí Bůh Stvořitel přesahuje lidské hranice

I dnes, pokud získáme pomoc z Boží moci, nic nebude problém. Dokonce i zdánlivě nejobtížnější problémy už přestanou být problémy. To se potvrzuje každý týden v církvi, ve které sloužím. Věřící byli uzdraveni z mnoha nemocí včetně AIDS, protože poslouchají Boží slovo na bohoslužbách a přijímají modlitby za uzdravení.

Nejenom lidé v Jižní Koreji, ale také nesčetné množství lidí po celém světě zakusilo úžasné skutky uzdravování, které jsou zapsány v Bibli. Takové skutky jednou uvedla CNN. Navíc máme pomocné pastory, kteří se modlí s šátky, na kterých jsem se modlil já. Skrze tyto modlitby se dějí úžasné skutky zázračného uzdravení přesahující rasy a kultury.

Co se mě týče, všechny mé problémy v životě se vyřešily potom, co jsem se setkal s Bohem Stvořitelem. Měl jsem tolik nemocí, že jsem získal přezdívku „skladiště nemocí". V rodině nepanoval pokoj. Neviděl jsem jediný záblesk naděje. Avšak v momentě, kdy jsem poklekl v církvi, byl jsem ze všech svých nemocí uzdraven. Bůh mi požehnal a mohl jsem splatit všechny dluhy, které jsem měl. Byly tak veliké, že se zdálo nemožné je za svého života vůbec splatit, ale byly splaceny do posledního haléře za pouhých několik měsíců. Moje rodina získala zpět štěstí a radost. Kromě toho všeho si mě Bůh povolal k tomu, abych se stal pastorem a dal mi svou moc spasit nesčetné duše.

V dnešní době mnozí lidé říkají, že věří v Boha, ale jen málo jich žije s opravdovou vírou. Pokud mají problém, většina z nich spoléhá na lidské způsoby řešení spíše než na Boha. Jsou frustrovaní a odrazení, když se jejich problémy nevyřeší podle jejich vlastních představ. Když onemocní, nespoléhají na Boha, ale na lékaře v nemocnici. Pokud čelí těžkostem ve svém podnikání, vyhledávají pomoc tu a zas tam.

Někteří věřící si stěžují Bohu nebo ztrácejí víru kvůli fyzickým těžkostem. Začnou být nestálí ve své víře a ztrácejí plnost, když jsou pronásledováni nebo když očekávají nějakou ztrátu kvůli tomu, že kráčejí vzpřímeně. Nicméně, kdyby věřili, že Bůh stvořil všechna nebesa a že je u něj všechno možné, určitě by k tomu nedocházelo.

Bůh stvořil všechny vnitřní orgány lidských bytostí. Existuje nějaká vážná nemoc, kterou Bůh nedokáže uzdravit? Bůh řekl: „Mně patří stříbro, mně patří zlato, je výrok Hospodina zástupů" (Ageus 2:8). Nedokáže snad učinit své děti bohatými? Bůh může všechno, ale člověk se cítí odrazený nebo sklíčený a odchyluje se od pravdy, protože tomuto všemohoucímu Bohu nedůvěřuje. Bez ohledu na to, jaký problém člověk má, může ho kdykoli vyřešit, pokud opravdu důvěřuje Bohu z celého svého srdce a spoléhá na něho.

Setkání se všemohoucím Bohem Stvořitelem

Příběh velitele Naamána z 5. kapitoly 2 Královské nás učí, jak získat od všemohoucího Boha odpovědi na naše problémy. Naamán byl sice velitelem armády aramejského krále, ale se svým malomocenstvím nezmohl vůbec nic.

Jednoho dne od své mladé izraelské služebné slyšel o izraelském prorokovi Elíšovi, který vládne Boží mocí. Naamán sám byl pohan, který nevěřil v Boha, ale nepřehlížel slova mladého děvčete, protože měl dobré srdce. Připravil na setkání s

Božím mužem Elíšou cenné oběti a vydal se na dlouhou cestu.

Když však přišel do domu Elíši, prorok se za něj ani nepomodlil ani ho nepřivítal. Všechno, co prorok udělal, bylo, že mu vzkázal, aby se sedmkrát umyl v Jordánu. Naamána to nejprve urazilo, ale zanedlouho si to rozmyslel a poslechl. Ačkoli ani Elíšovy skutky ani jeho slova nedávala smysl jeho způsobu uvažování, důvěřoval a poslechl, protože tato slova vyřkl Boží prorok, který vládl Boží mocí.

Když se Naamán sedmkrát ponořil do Jordánu, byl zázračně a zcela uzdraven z malomocenství. Co tady symbolizuje ponoření jeho těla do Jordánu? Voda je Boží slovo. To znamená, že člověku mohou být odpuštěny hříchy, pokud Božím slovem očistí své srdce od špinavých věcí způsobem, jakým očistí své tělo vodou. Protože číslo sedm symbolizuje dokonalost, ponoření sedmkrát do Jordánu ukazuje na to, že bylo Naamánovi zcela odpuštěno.

Jak už bylo vysvětleno výše, abychom my lidé získali odpověď od všemohoucího Boha, musí se otevřít průchod pro komunikaci mezi Bohem a námi právě odpuštěním našich hříchů. V Izajáši 59:1-2 se říká: „Hle, Hospodinova ruka není krátká, že by nezachránil, ani jeho ucho není zalehlé, že by neslyšel, nýbrž vaše zvrácenosti se staly hradbou mezi vámi a vaším Bohem a vaše hříchy skryly jeho tvář před vámi, aby neslyšel."

Kdybychom neznali Boha a nepřijali Ježíše Krista, musíme činit pokání z toho, že jsme nepřijali Ježíše Krista (Jan 16:9). Bůh říká, že jsme vrahové, pokud nenávidíme své bratry (1 Janův 3:15) a musíme činit pokání, že jsme nemilovali své bratry. Jakubův list 4:2-3 říká: „Dychtíte, ale nemáte. Zabíjíte a žárlíte, ale nemůžete ničeho dosáhnout. Hádáte se a bojujete, a nic nemáte, protože nežádáte.

Žádáte, a nedostáváte, protože žádáte špatně, abyste to vynaložili na své rozkoše." Proto musíme činit pokání z toho, že jsme se modlili s chtivostí a pochybnostmi (Jakubův list 1:6-7).

Navíc, pokud neuvádíme Boží slovo do praxe, zatímco vyznáváme svou víru, musíme činit důkladné pokání. Nemůžeme jen říct, že je nám to líto. Musíme zcela rozervat své srdce a prolévat slzy. Naše pokání lze pokládat za opravdové pouze tehdy, když jsme pevně rozhodnuti žít podle Božího slova a skutečně ho praktikovat.

Deuteronomium 32:39 říká: „Nyní pohleďte, že já, já jsem to, a není Bůh mimo mě. Já nechávám zemřít a oživuji, zdeptal jsem, já i uzdravím; není, kdo by vysvobodil z mé ruky." To je Bůh, ve kterého věříme.

Bůh stvořil nebesa a všechno na nich. Zná situaci, ve které se každý z nás nachází. Je dostatečně mocný na to, aby odpověděl na všechny naše modlitby. Bez ohledu na to, jak zoufalá nebo depresivní může být situace pro člověka, může vše zvrátit lusknutím prstu. Proto mám naději, že získáte odpovědi na své modlitby a touhy svého srdce díky tomu, že získáte opravdovou víru a budete spoléhat pouze na Boha.

Dr. Vitaliy Fishberg (New York, Spojené státy americké)

Na scéně zázraků

Dříve, než jsem promoval na lékařské škole v Moldavsku, byl jsem šéfredaktorem lékařského časopisu „Váš rodinný lékař", který je v Moldavsku, na Ukrajině, v Rusku a Bělorusku vyhlášený. V roce 1997 jsem se přestěhoval do USA. Udělal jsem si doktorát z přírodní medicíny, Ph.D. z klinické výživy a integrační medicíny, doktorát z alternativní medicíny, doktorát z ortomolekulární medicíny a čestný doktorát z přírodních medicínských věd. Když jsem po ukončení svého vzdělání přišel do New Yorku, stal jsem se v ruské komunitě velmi brzy poměrně slavným a mnoho novin každý týden vydávalo mé články. V roce 2006 jsem slyšel o tom, že se bude v Madison Square Garden konat velké křesťanské shromáždění. Měl jsem příležitost setkat se s delegací církve Manmin a vnímal jsem skrze ně velkou moc Ducha svatého. O dva týdny později jsem přišel na jejich kampaň.

Po kázání o tom, proč je Ježíš naším Spasitelem, se reverend Dr. Jaerock Lee modlil za příchozí. „Pane, uzdrav je! Bože, Otče, pokud není slovo, které jsme kázal, pravda, ať se dnes večer nedějí žádné mocné skutky! Pokud je však pravdivé, ať mohou všichni vidět důkaz živého Boha. Ať chromí chodí! Ať hluší mohou znovu slyšet! Ať jsou všechny nevyléčitelné nemoci spáleny ohněm Ducha svatého a dojde k uzdravení!"

Byl jsem šokován takovou modlitbou. Co když nedojde k žádnému zázračnému uzdravení? Jak se mohl tak sebevědomě modlit? Ale úžasné věci se začaly dít ještě předtím, než modlitba za nemocné skončila. Lidé, které trápili zlí duchové, byli osvobozeni. Němí promluvili. Slepí prohlédli. Mnoho lidí dosvědčilo, že byli uzdraveni ze své poruchy sluchu. Mnoho lidí se zvedlo z invalidních vozíků a odhodilo své berle. Někteří lidé svědčili o tom, že byli uzdraveni z AIDS.

S tím, jak kampaň pokračovala, Boží moc se projevovala stále více. Lékaři z organizace World Christian Doctors Network, WCDN, kteří přišli z mnoha zemí, vytvořili místo v čele se stolem, kde přijímali svědectví. Snažili se lékařsky ověřovat svědectví a s tím, jak se blížil konec, začali pociťovat nedostatek lékařů, kteří by dokázali zaregistrovat všechny lidi, kteří svědčili o svém uzdravení!

Nubia Cano byla 54letá paní žijící ve Queensu, které lékaři v roce 2003 diagnostikovali rakovinu páteře. Nedokázala se pohybovat, natož chodit. Trávila veškerý svůj čas v posteli a mučivá bolest ji nutila brát každé 2 hodiny morfiové injekce. Lékař jí řekl, že už nikdy nebude chodit.

Když s přítelem navštívila kampaň s Rev. Dr. Jaerockem Lee v New Yorku v roce 2006, viděla, jak Bůh uzdravil mnoho lidí a začala získávat víru. Když přijala modlitbu od reverenda Lee, po celém těle se jí rozlilo teplo a cítila, jako by jí někdo masíroval záda. Bolest na zádech zmizela a od doby, kdy navštívila tuto kampaň, mohla chodit a ohnout se v pase! Její lékař byl jednoduše přemožen úžasem, když ji — někoho, kdo už nikdy neměl chodit — viděl chodit jako dřív. Dokáže i tančit v rytmu tance merengue.

Maximillia Rodriguez z Brooklynu měla velmi chabý zrak. Po dobu 14ti let nosila kontaktní čočky a poslední 2 roky brýle. Poslední den

Doktoři medicíny z WCDN ověřují svědectví

kampaně přijala s vírou modlitbu od reverenda Jaerocka Lee a ihned si uvědomila, že začíná vidět bez brýlí. V současné době přečte i to nejdrobnější písmo ve své Bibli bez brýlí. Její oční lékař potom, co zpozoroval a potvrdil nepopíratelné zlepšení jejího zraku, nemohl než žasnout nad tím, čeho se stal svědkem.

Madison Square Garden, kde se konala kampaň v červenci 2006, se stala scénou plnou zázraků. Byl jsem tak dojatý, že jsem se stal svědkem Boží moci. Jeho moc mě změnila a umožnila mi vidět nový běh života. Rozhodl jsem se stát se Božím nástrojem, abych po lékařské stránce potvrzoval Boží zázračné skutky uzdravení a dal o nich vědět celému světu.

- Výňatek z knihy Mimořádné věci -

Kapitola 3 Trojjediný Bůh

Bůh, ve kterého věříme, je jeden Bůh.
Má však v sobě tři osoby:
Otce, Syna a Ducha svatého.

„Jděte tedy a čiňte učedníky ze všech národů, křtěte je ve jméno Otce i Syna i Ducha Svatého."

(Matouš 28:19)

Boží trojice znamená, že Bůh Otec, Bůh Syn a Bůh Duch svatý jsou jedno. Bůh, ve kterého věříme, je jeden Bůh. Má však v sobě tři osoby: Otce, Syna a Ducha svatého. A protože jsou jedno, používáme výrazy „Trojjediný Bůh" nebo „Boží trojice".

Toto je velmi důležitá křesťanská doktrína, ale stěží existuje někdo, kdo ji dokáže vysvětlit přesně a podrobně. To proto, že je pro člověka, který má velmi omezené myšlení a teorie, velmi obtížné porozumět původu Boha Stvořitele. Avšak do té míry, do jaké porozumíme Boží trojici, dokážeme i pochopit jeho srdce a pochopíme ho jasněji. Při komunikaci s ním pak také získáme požehnání a odpovědi na naše modlitby.

Boží prozíravost pro tříbení člověka

Bůh v Exodu 3:14 řekl: „JSEM, KTERÝ JSEM." Nikdo ho neporodil ani ho nestvořil. Prostě tady byl od počátku. Existuje mimo lidské chápání nebo představy, nemá žádný počátek ani konec, existuje prostě od věčnosti po celou věčnost. Jak je vysvětleno výše, Bůh existoval sám jako světlo se zvonícím hlasem v rozlehlém prostoru (Jan 1:1; 1 Janův 1:5). Avšak v určitém bodě v čase zatoužil po někom, s kým by mohl sdílet lásku, a tak naplánoval tříbení člověka, aby získal skutečné děti.

Aby Bůh mohl provést tříbení člověka, nejprve rozdělil prostor. Rozdělil ho na duchovní prostor a fyzický prostor, ve kterém by lidé žili ve svých fyzických tělech. Potom začal existovat jako trojjediný Bůh. Původní Bůh začal existovat ve třech osobách jako Otec, Syn a Duch svatý.

Bible říká, že se Boží Syn Ježíš Kristus narodil z Boha (Skutky13:33) a Jan 15:26 a Galatským 4:6 říkají, že Duch svatý také vyšel z Boha. Jako stvoření druhého já, Syn Ježíš a Duch svatý vyšli z Boha Otce. To bylo pro tříbení člověka absolutně nezbytné.

Syn Ježíš a Duch svatý nejsou stvořeními, která by byla stvořená Bohem, ale jsou samotný původní Bůh. Jsou jedno původem, ale pro tříbení člověka existují nezávisle na sobě. Jejich role se liší, ale jsou jedno v srdci, myšlenkách a moci, a proto říkáme, že jsou Boží trojice.

Povaha a řád Boží trojice

Stejně jako Bůh Otec, i Syn Ježíš a Duch svatý jsou všemohoucí. Rovněž Syn Ježíš i Duch svatý cítí to, co cítí Bůh Otec, a touží po tom, po čem touží Bůh Otec. Naopak, Bůh Otec cítí radost a bolest Syna Ježíše i Ducha svatého. A přesto jsou tyto tři osoby nezávislými subjekty, které mají nezávislé vlastnosti a jejich role jsou rovněž odlišné.

Na jednu stranu Ježíš, Boží Syn, dostal stejné srdce jako Bůh Otec, ale jeho božství je silnější než jeho lidství. Tudíž jsou jeho božská důstojnost a spravedlnost markantnější. Na druhou stranu, v případě Ducha svatého vyniká jeho lidství. Jeho jemná, laskavá, milosrdná a soucitná povaha je to, co je markantnější.

Jak již bylo vysvětleno výše, Bůh Syn a Bůh Duch svatý jsou původem jedno s Bohem Otcem, ale jsou to nezávislé subjekty s dobře odlišitelnými vlastnostmi. Jejich role se rovněž různí podle řádu. Po Bohu Otci je Syn Ježíš Kristus a po Synovi je Duch svatý. Ten s láskou slouží Synovi a Otci.

Role Boží trojice

Tři osoby Trojice uskutečňují službu tříbení člověka společně.

Každá z těchto tří osob naplno sehrává svou vlastní roli, ale občas ve velmi důležitých momentech tříbení člověka tyto osoby spolupracovaly.

Například Genesis 1:26 říká: „I řekl Bůh: ‚Učiňme člověka k našemu obrazu, jako naši podobu.'" Z toho můžeme vyvodit, že Boží trojice společně stvořila lidské bytosti ke své podobě. Rovněž, když Bůh sestoupil, aby se podíval na Babylonskou věž, sestoupily všechny tři osoby společně. Když lidé začali stavět Babylonskou věž s touhou podobat se Bohu, Boží trojice zmátla jejich řeč.

V Genesis 11:7 se říká: „Nuže, sestupme a zmaťme tam jejich řeč, takže jeden nebude rozumět řeči druhého." Tvary „sestupme" a „zmaťme" jsou uvedeny v první osobě množného čísla. Z toho můžeme usoudit, že tři osoby Boží trojice postupovaly spolu. Jak již bylo řečeno, tři osoby Boží Trojice občas fungovaly jako jedna, ale ve skutečnosti vykonávají oddělené role, aby byla naplněna prozíravost tříbení člověka počínaje stvořením a konče spasením lidských bytostí. Jakou roli tedy vykonává každá osoba Boží Trojice samostatně?

Syn Ježíš otevírá cestu ke spasení

Úlohou Syna Ježíše je stát se Spasitelem a otevřít hříšníkům cestu ke spasení. Od chvíle, kdy Adam díky své neposlušnosti snědl ovoce, které Bůh zakázal jíst, vstoupil do života lidských bytostí hřích. Lidské bytosti náhle potřebovaly spasení.

Byly totiž podle zákona duchovního světa, který říká, že mzdou hříchu je smrt, předurčeny k propadnutí věčné smrti, pekelnému ohni. Nicméně Ježíš, Boží Syn, zaplatil za hříšníky svou smrtí, aby nemuseli propadnout věčnému peklu.

Proč se tedy musel stát Ježíš Spasitelem celého lidstva? Zrovna jako má každá země své vlastní zákony, tak i duchovní svět má své vlastní zákony a Spasitelem se nemůže stát jen tak někdo. Také může otevřít cestu ke spasení pouze tehdy, když splní všechny předpoklady. Jaké jsou tedy předpoklady pro Spasitele, aby otevřel cestu ke spasení pro lidstvo, které bylo kvůli hříchům odsouzeno ke smrti?

Nejprve ze všeho, Spasitel musí být člověk. 1 Korintským 15:21 uvádí: „Když tedy přišla skrze člověka smrt, přišlo skrze člověka také vzkříšení mrtvých." Jak je zde napsáno, protože kvůli neposlušnosti člověka Adama vešla do života člověka smrt, spasení musí přijít rovněž skrze člověka podobného Adamovi.

Za druhé, Spasitel nesmí být potomkem Adama. Všichni Adamovi potomci jsou hříšníci, kteří se narodili s původním hříchem zděděným po svých otcích. Žádný Adamův potomek se nemůže stát Spasitelem. Ježíš však byl počat z Ducha svatého a není tedy potomkem Adama. Nemá prvotní hřích zděděný po rodičích (Matouš 1:18-21).

Za třetí, Spasitel musí mít moc. Aby vykoupil hříšníky z moci nepřítele ďábla, musí mít Spasitel moc a duchovní moc musí být bezhříšná. Nesmí mít prvotní hřích a nesmí se dopustit žádného hříchu díky tomu, že bude naprosto poslušný Božímu slovu. Musí být bez viny a bez poskvrny.

A nakonec, Spasitel musí mít lásku. Třebaže by někdo měl všechny tři předpoklady uvedené výše, nezemřel by za hříchy druhých lidí, kdyby v sobě neměl lásku. Potom by lidstvo nikdy nemohlo být spaseno. Spasitel tedy musí mít lásku, aby na sebe vzal trest smrti za lidstvo, které je hříšné.

Utrpení Ježíše velmi dobře vykreslil film „Umučení Krista". Ježíš byl bičován a jeho tělo bylo rozjitřeno ránami. Jeho ruce a nohy probodly hřeby a na hlavu mu byla posazena koruna z trní. Byl pověšen na kříž a když konečně vydechl naposledy, byl mu probodnut bok a prolil všechnu svou krev a vodu. Všechno toto utrpení podstoupil proto, aby nás vykoupil ze všech našich nepravostí, hříchů, nemocí a slabostí.

Od doby, kdy Adam zhřešil, se nenašel žádný člověk, který by splnil všechny čtyři předpoklady. V první řadě, Adamovi potomci dědí od svých předků prvotní hřích, tedy hříšnou přirozenost, v okamžiku svého narození. A neexistuje žádný člověk, který by žil zcela podle Božího zákona, a neexistuje nikdo, kdo by vůbec nezhřešil. Člověk s velkým dluhem nemůže splatit dluh druhých. Stejně tak hříšníci, kteří mají prvotní hřích a sami se dopustili hříchů, nemohou spasit hříšníky, jiné lidské bytosti. Z tohoto důvodu Bůh připravil tajemství skryté od počátku věků, konkrétně Ježíše, Syna Božího.

Ježíš splňoval všechny předpoklady Spasitele. Narodil se na zemi v těle člověka, ale nebyl počat sloučením spermie muže a vajíčka ženy. Panna Marie počala z Ducha svatého. Proto Ježíš nebyl potomkem Adama a neměl v sobě prvotní hřích. Po celý svůj život zcela poslouchal Boží zákon a nedopustil se osobně vůbec žádného hříchu.

To dokonale opravňovalo Ježíše k tomu, aby byl ukřižován s obětavou láskou k hříšníkům. Tím byla lidským bytostem otevřena cesta k odpuštění hříchů skrze jeho krev. Kdyby se Ježíš nestal Spasitelem, všechny lidské bytosti od Adama by propadly peklu. Rovněž, kdyby každý propadl peklu, nebylo by dosaženo cíle tříbení člověka. To znamená, že by nikdo nemohl vstoupit do nebeského království a stejně tak by Bůh nezískal žádné skutečné děti.

Proto Bůh připravil Syna Ježíše, který měl vykonal roli Spasitele, aby naplnil účel tříbení člověka. Každému, kdo uvěří v Ježíše, který za nás zemřel na kříži, aniž by zhřešil, mohou být odpuštěny jeho hříchy a získá právo stát se Božím dítětem.

Duch svatý dokončuje spasení

Úlohou Ducha svatého je dokončit spasení, které lidé získali skrze Syna Ježíše. Podobá se matce, která kojí a chová novorozeně. Duch svatý zasazuje víru do srdcí těch, kteří přijmou Pána a vede je, dokud nedosáhnou nebeského království. Když dělá svou službu, odděluje od sebe nespočet duchů. Původní subjekt Ducha svatého existuje na jednom místě, zatímco nespočet duchů od něho oddělených dělá svou službu ve stejnou dobu kdekoli na světě se stejným srdcem a mocí.

Samozřejmě, že Otec a Syn mohou také od sebe oddělit nespočet duchů, jako je tomu v případě Ducha svatého. V Matoušovi 18:20 Ježíš řekl: „Neboť kde jsou dva nebo tři shromážděni v mé jméno, tam jsem já uprostřed nich." Z toho můžeme usoudit, že i Ježíš dokáže od své původní osoby oddělit nesčetné duchy. Pán Ježíš nemůže být s věřícími jako původní osoba na každém místě, kde se shromáždí v jeho jménu. Namísto toho jdou všude od něj oddělení duchové a jsou s nimi.

Duch svatý vede každého věřícího tak něžně a láskyplně, jako se kojící matka stará o své dítě. Když lidé přijmou Pána, vstoupí do jejich srdce duch oddělený od Ducha svatého. Bez ohledu na to, kolik lidí přijme Pána, duchové oddělení od Ducha svatého mohou vejít do srdce každého z nich a přebývat v něm. Když k tomu dojde, říkáme, že „přijali Ducha svatého". Duch svatý přebývající v srdcích věřících jim pomáhá získat duchovní víru ke spasení a cvičí jejich víru jako soukromý učitel, aby rostla do plnosti.

Vede věřící k tomu, aby se horlivě učili Boží slovo, aby změnil jejich srdce podle Slova a aby duchovně rostli. Podle Božího slova věřící musejí změnit prchlivost v mírnost a nenávist v lásku. Pokud jste v sobě někdy v minulosti živili nenávist nebo žárlivost, nyní se musíte v pravdě radovat z úspěchu druhých. Jestliže jste byli domýšliví, musíte být nyní pokorní a sloužit druhým.

Pokud jste v minulosti usilovali jen o své vlastní výhody, nyní musíte obětovat sami sebe až do bodu smrti. K lidem, kteří se vůči vám dopouštějí zlých skutků, se nesmíte chovat zle, ale naopak svou vlastní dobrotou pohnout jejich srdcem.

Neuhašujte Ducha

Pokud žijete i potom, co jste přijali Pána a jste už pár let věřícím člověkem, stále v nepravdě, jako když jste ještě byli nevěřící, bude Duch svatý ve vás velmi naříkat. Pokud nás snadno pobouří, když trpíme bezdůvodně, nebo vynášíme-li soudy a odsuzujeme své bratry v Kristu a odhalujeme jejich přestoupení, nebudeme moci pozvednout svou hlavu před Pánem, který zemřel za naše hříchy.

Dejme tomu, že jste získali postavení v církvi jako diákon nebo starší, ale nemáte pokoj s druhými a dáváte jim zakoušet perné chvíle nebo je necháváte klopýtnout svou samospravedlností. Potom bude Duch svatý, který ve vás přebývá, velmi naříkat. Od chvíle, co jsme přijali Pána a znovu se narodili, se musíme snažit zbavit veškerého zla a hříchu a pozvedávat svou víru den za dnem.

Pokud žijete i potom, co jste přijali Pána, stále v hříších světa a dopouštíte se hříchů vedoucích k smrti, Duch svatý vás nakonec opustí a vaše jméno bude vymazáno z knihy života. Exodus 32:33 říká: „Hospodin Mojžíšovi odpověděl: ‚Kdo proti mně zhřešil, toho vymažu ze své knihy.'"

Zjevení 3:5 říká: „Kdo vítězí, takto se bude oblékat do bílých šatů a jeho jméno nevymažu z knihy života, nýbrž vyznám je před svým Otcem a před jeho anděly." Tyto verše nám říkají, že třebaže jsme získali Ducha svatého a naše jména byla zapsána v knize života, mohou být také vymazána.

1 Tesalonickým 5:19 také říká: „Ducha neuhašujte." Jak je řečeno, třebaže jste spaseni a získali jste Ducha svatého, tak pokud nežijete v pravdě, Duch svatý bude uhašen.

Duch svatý přebývá v srdci každého věřícího a vede ho k tomu, aby neztratil spasení tak, že ho neustále osvětluje pravdou a nabádá ho k životu podle Boží vůle. Zatímco nás učí o hříchu a spravedlnosti, dává nám vědět, že Bůh je Stvořitel, Ježíš Kristus je náš Spasitel, nebe a peklo existují a jednou bude soud.

Duch svatý se za nás přimlouvá před Bohem Otcem, jak se píše v Římanům 8:26: „A stejně tak i Duch se spolu s námi ujímá naší slabosti. Vždyť my nevíme, jak a za co se máme modlit, ale sám ten Duch se za nás přimlouvá vzdechy, které nelze vyjádřit slovy." Naříká, když se Boží děti dopouštějí hříchů a pomáhá jim činit pokání a odvrátit se od jejich cest.

Vylévá na ně inspiraci a plnost Ducha svatého a dává jim různé dary, aby mohly odhodit veškeré hříchy a zakoušet Boží působení. My, kdo jsme Božími dětmi, musíme prosit o tyto skutky Ducha svatého a toužit po hlubších věcech.

Bůh Otec, šéf tříbení člověka

Bůh Otec je šéfem velikého plánu tříbení člověka. On je Stvořitel, Vládce a bude Soudcem v poslední den. Bůh Syn, Ježíš Kristus, otevřel cestu ke spasení lidských bytostí, které jsou hříšné. A konečně, Bůh Duch svatý vede ty, kteří jsou spaseni, k tomu, aby měli opravdovou víru a dosáhli konečného spasení. Jinými slovy, Duch svatý dokončuje spasení, které dostal každý věřící. Každá služba těchto tří osob Boží trojice funguje jako jedna síla, aby bylo dosaženo prozíravosti tříbení lidských bytostí jako skutečných dětí.

Nicméně, i když je každá z jejich služeb přísně vymezena podle řádu, přesto tyto tři osoby fungují shodně ve stejnou dobu. Když Ježíš sestoupil na zem, zcela následoval vůli Otce, aniž by jakkoli uplatňoval svou vlastní vůli. Duch svatý byl s Ježíšem a pomáhal mu s jeho službou od chvíle, kdy Ježíše počala panna Marie. Když byl Ježíš pověšen na kříž a trpěl bolestí, vnímali Otec i Duch svatý ve stejnou chvíli stejné pocity a bolest.

Stejně tak, když Duch svatý sténá a přimlouvá se za duše, Pán a Otec cítí stejnou bolest a naříkají také. Tři osoby Boží trojice dělaly všechno se stejným srdcem a vůlí úplně v každé chvíli a vnímaly stejné emoce zvlášť ve službě každé osoby. Jedním slovem, tyto tři osoby dosáhly všeho tři v jedné.

Trojjediný Bůh naplňuje prozíravost spasení

Tři osoby Boha naplňují prozíravost tříbení člověka tři v jedné. V 1. listu Janově 5:8 se říká: „A jsou tři, kteří vydávají svědectví na zemi — Duch, voda a krev —, a ti tři jsou zajedno." Voda zde symbolizuje službu Boha Otce, který je Slovem. Krev znázorňuje službu Pána, který prolil krev na kříži. Boží trojice vykonává službu jako Duch, voda a krev, které jsou ve shodě, aby dosvědčili, že věřící děti jsou spaseny.

A tak musíme jasně pochopit každou Boží službu Trojice a nesmíme se přiklánět pouze k jedné osobě Trojice. Pouze, když přijmeme a uvěříme ve tři osoby Boží trojice, budeme spaseni vírou v Boha a budeme moci říct, že Boha známe. Když se modlíme, modlíme se ve jménu Ježíše Krista, ale je to Bůh Otec, který nám odpovídá, a je to Duch svatý, který nám pomáhá přijmout odpověď.

Ježíš v Matoušovi 28:19 také říká: „Jděte tedy a čiňte učedníky ze všech národů, křtěte je ve jméno Otce i Syna i Ducha Svatého," a apoštol Pavel žehnal věřícím ve jménu Trojice v 2 Korintským 13:14: „Milost Pána Ježíše Krista, Boží láska a společenství Svatého Ducha se všemi vámi. Amen." To je důvod, proč se na nedělních ranních bohoslužbách dává požehnání, aby se Božím dětem dostalo milosti Spasitele a Pána Ježíše Krista, lásky Boha Otce a inspirace a plnosti Ducha svatého.

Zapření trojjediného Boha a skutky Ducha svatého

Jsou lidé, kteří neakceptují Trojici. Mezi ně patří Svědkové Jehovovi. Neuznávají božství Ježíše Krista. Neuznávají ani individuální osobnost Ducha svatého, proto jsou pokládáni za heretiky.

Bible říká, že ti kdo zapřou Ježíše Krista a uvedou na sebe rychlou záhubu, jsou heretici (2 Petrův 2:1). Navenek vypadají, jako by praktikovali křesťanství, ale nenásledují Boží vůli. Nemají nic co do činění se spasením a my věřící se jimi nesmíme nechat oklamat.

Na rozdíl od těchto heretiků některé církve popírají skutky Ducha svatého, ačkoli říkají, že vyznávají víru v Trojici. Bible vykresluje různé dary Ducha svatého jako dar mluvení v jazycích, dar prorokování, dar zázračného uzdravování, dar zjevení a dar vidění. Existují církve, které odsuzují tyto skutky Ducha svatého jako něco špatného nebo se pokoušejí skutkům Ducha svatého zabránit, ačkoli vyznávají, že věří v Boha.

Často odsuzují církve, ve kterých se projevují tyto dary Ducha svatého, jako heretické. To přímo uráží Boží vůli a oni se dopouštějí neodpustitelného hříchu rouhání, hanobení nebo odporování Duchu svatému. Když se těchto hříchů dopouštějí, nepřichází na ně duch pokání a nedokážou tedy ani činit pokání.

A pokud pomlouvají nebo odsuzují Božího služebníka nebo církev naplněnou skutky Ducha svatého, je to stejné jako odsuzování Boží trojice a jednání nepřítele stojícího proti Bohu. Boží děti, které jsou spasené a obdržely Ducha svatého, se nesmí vyhýbat skutkům Ducha svatého, ale naopak, měly by po takových skutcích toužit. Obzvláště služebníci nesmí jen zakoušet skutky Ducha svatého, ale také tyto skutky Ducha svatého konat, aby jejich ovečky mohly díky těmto skutkům žít životy v hojnosti.

1 Korintským 4:20 říká: „Neboť Boží království nespočívá v řeči, ale v moci." Pokud služebníci vyučují své ovečky jen pomocí

znalostí nebo formalit, znamená to, že to jsou slepí vedoucí další slepé. Služebníci musejí vyučovat své ovečky přesnou pravdu a nechat je zakoušet důkaz živého Boha konáním skutků Ducha svatého.

Na dnešní dobu se poukazuje jako na „Éru Ducha svatého". Pod vedením Ducha svatého se nám dostává hojného požehnání a milosti od Boží trojice, která tříbí lidské bytosti.

Jan 14:16-17 říká: „A já požádám Otce a on vám dá jiného Zastánce, aby byl s vámi na věčnost — Ducha pravdy, jejž svět nemůže přijmout, protože ho nevidí ani nezná. Vy jej znáte, neboť u vás zůstává a ve vás bude."

Potom, co Pán naplnil službu spasení člověka, byl vzkříšen a vystoupil do nebe, stal se nástupcem Pána ve službě tříbení člověka Duch svatý. Duch svatý je s každým věřícím, který přijme Pána, a vede tyto věřící k pravdě tak, že přebývá v srdci každého z nich.

Navíc dnes, kdy hříchy vítězí a tma pokrývá stoupající měrou celý svět, se Bůh zjevuje těm, kteří ho ze srdce hledají, a dává jim zakusit planoucí skutky Ducha svatého. Mám naději, že se stanete skutečnými Božími dětmi ve skutcích Otce, Syna i Ducha svatého, takže dostanete všechno, oč v modlitbě požádáte a dosáhnete konečného spasení.

Věci, ke kterým došlo,
když se v prvním nebi otevřela brána do
druhého nebe.

První nebe je fyzický prostor, ve kterém žijeme.

Ve druhém nebi existuje oblast světla, Eden, a oblast tmy.

Ve třetím nebi je nebeské království, kde budeme žít věčně.

Čtvrté nebe je prostor, kde Bůh existoval před počátkem a který je určen výhradně pro Boží trojici.

Tato „nebe" jsou striktně rozdělena, ale prostory spolu navzájem sousedí.

Když je to nutné, otevře se v prostoru prvního nebe, kde nyní žijeme, brána do druhého nebe.

Tu a tam se může otevřít také prostor třetího nebe nebo čtvrtého nebe.

Můžeme najít mnoho událostí, kdy se v našem prvním nebi odehrály věci z druhého nebe.

Když se otevře brána do druhého nebe a předměty ze zahrady v Edenu vyjdou do prostoru prvního nebe, tak mohou ti, kdo žijí v prvním nebi, tyto předměty vidět a dotknout se jich.

Soud ohně nad Sodomou a Gomorou

Genesis 19:24 říká: „A Hospodin seslal na Sodomu a na Gomoru déšť síry a ohně. Bylo to od Hospodina z nebes." „Od Hospodina z nebes" znamená, že Bůh otevřel bránu do prostoru druhého nebe a seslal odtamtud dolů déšť síry a ohně.

To stejné se stalo na hoře Karmel, když Elijáš konfrontoval 850 kněží pohanských bohů tím, že přivolal odpověď v podobě ohně. V 1 Královské 18:37-38 se říká: „‚Odpověz mi, Hospodine, odpověz mi, ať tento lid pozná, že ty, Hospodine, jsi Bůh; a ty sám obracíš jejich srdce nazpět.' Nato spadl Hospodinův oheň a strávil zápalnou oběť i dříví, kameny a prach a vylízal vodu, která byla v příkopu." Oheň z druhého nebe dokáže ve skutečnosti spálit předměty z prvního nebe.

Hvězda, která vedla tři mudrce

Matouš 2:9 říká: „Vyslechli krále a vyšli. A hle, hvězda, kterou spatřili, když vycházela, šla před nimi, až se zastavila nad místem, kde bylo to dítě." Hvězda z druhého nebe se objevila a po nějakou dobu opakovaně šla a zastavovala se. Když mudrci dospěli do místa určení, hvězda se zastavila.

Kdyby tato hvězda byla hvězdou z prvního nebe, mělo by to na vesmír nedozírné následky, protože všechny hvězdy v prvním nebi se pohybují po své vlastní cestě velmi uspořádaným způsobem. Můžeme z toho usoudit, že hvězda, která vedla tři mudrce, nebyla jedna z těch v prvním nebi.

Bůh pohnul hvězdou ve druhém nebi, aby to nemělo žádný dopad na vesmír prvního nebe. Bůh otevřel prostor druhého nebe, aby mohli mudrcové tuto hvězdu vidět.

Mana seslaná synům Izraele

Exodus 16:4 říká: „Hospodin řekl Mojžíšovi: ‚Hle, sešlu vám z nebe chléb a lid bude vycházet a sbírat pro svou každodenní potřebu, abych ho vyzkoušel, bude-li chodit podle mého zákona nebo ne.'"

Jak Bůh řekl: „Sešlu vám z nebe chléb", dával synům Izraele, zatímco putovali 40 let pouští, manu. Mana byla jako koriandrové semeno a vypadala jako bdelium. Chutnala jako medový koláč. Jak bylo vysvětleno, v Bibli existuje mnoho záznamů o událostech, které se odehrály, když se v prvním nebi otevřela brána do prostoru druhého nebe.

# Kapitola 4 — Spravedlnost

66

Když správně porozumíme Boží spravedlnosti
a budeme jednat podle ní, můžeme vyřešit jakýkoli problém
a získat požehnání a odpovědi na naše modlitby.

99

Boží spravedlnost

Bůh vykonává svou spravedlnost neomylně

Jednání podle pravidel Boží spravedlnosti

Dvě strany spravedlnosti

Vyšší rozměry spravedlnosti

Víra a poslušnost – základní pravidla spravedlnosti

„ Vyvede tvou spravedlnost jako světlo,
tvé právo jako polední jas. “

(Žalm 37:6)

Existují problémy, které nelze vyřešit žádným lidským způsobem. Mohou ale ve chvíli zmizet, pokud je Bůh pojme do své mysli.

Například, určité matematické problémy, které studenti základní školy jen velmi obtížně vyřeší, jsou pro studenty střední školy hračka. Stejně tak není pro Boha nic nemožné, protože je vládcem nad všemi nebesy.

Abychom zakusili moc všemohoucího Boha, musíme znát způsoby, jak získat od Boha odpovědi a využívat je. Když správně porozumíme Boží spravedlnosti a budeme jednat podle ní, můžeme vyřešit jakýkoli problém a získat požehnání a odpovědi na naše modlitby.

Boží spravedlnost

Spravedlnost odkazuje na pravidla stanovená Bohem a jejich přesné dodržování. Jednodušeji řečeno, je to zákon „příčiny a následku". Existují pravidla, kdy určité příčiny přinesou určité následky.

Dokonce i nevěřící lidé říkají, že co zasejeme, to také sklidíme. Jedno korejské pořekadlo říká: „Kde zaseješ fazole, sklidíš fazole, a kde zaseješ červené fazole, sklidíš červené fazole." Protože tady jsou takováto pravidla, pravidla spravedlnosti jsou v Boží pravdě mnohem přísnější.

Bible říká: „Žádejte, a bude vám dáno; hledejte, a naleznete; tlučte, a bude vám otevřeno" (Matouš 7:7). „Nemylte se, Bohu se nikdo nebude vysmívat. Co člověk zaseje, to také sklidí" (Galatským 6:7). „Toto však vězte: Kdo skoupě rozsévá, bude také skoupě sklízet; a kdo štědře rozsévá, bude také štědře sklízet" (2 Korintským 9:6). To je jen několik příkladů pravidel spravedlnosti.

Existují také pravidla o následcích hříchů. Římanům 6:23 říká: „Mzdou hříchu je smrt, ale darem Boží milosti je život věčný v Kristu Ježíši, našem Pánu." Přísloví 16:18 říká: „Před zkázou je pýcha, před klopýtnutím bývá povýšenost ducha." Jakubův list 1:15 říká: „Žádostivost pak počne a rodí hřích, a dokonaný hřích plodí smrt."

A stranou těchto pravidel jsou pravidla, kterým nevěřící nemohou rozumět. Například Matouš 23:11 říká: „Ale největší z vás bude vaším služebníkem." Matouš 10:39 říká: „Kdo nalezne svou duši, ztratí ji; a kdo ztratí svou duši kvůli mně, nalezne ji." Druhá část verše 20:35 ve Skutcích říká: „Blaženější je dávat než brát." Aniž by je pochopili, nevěřící se většinou domnívají, že tato pravidla jsou mylná.

Ale Boží slovo se nikdy nemýlí a nikdy se nezmění. Pravda je, že svět se s postupem času mění, ale Boží slova zapsaná v Bibli, konkrétně pravidla spravedlnosti, se naplní tak, jak jsou zapsána.

Proto, pokud správně porozumíme Boží spravedlnosti, dokážeme nalézt příčiny jakýchkoli problémů a vyřešit je. Podobně můžeme také dostat odpovědi na touhy svého srdce. Bible vysvětluje důvody, proč dostáváme nemoci, proč trpíme finančními problémy, proč nemáme pokoj v rodině nebo proč ztrácíme Boží milost a klopýtáme.

Kdybychom jen rozuměli pravidlům spravedlnosti zapsaným v Bibli, dostali bychom požehnání a odpovědi na naše modlitby.

Bůh věrně dodržuje všechna pravidla, která sám ustanovil, a proto, pokud jednáme podle nich, s jistotou se nám dostane požehnání a získáme odpovědi na naše problémy.

Bůh vykonává svou spravedlnost neomylně

Bůh je Stvořitel a Vládce nad všemi věcmi, přesto nikdy neporuší pravidla spravedlnosti. Nikdy neřekne: „Vytvořil jsem tato pravidla, ale já je dodržovat nemusím." Působí ve všem přesně podle své spravedlnosti a bez nejmenší chyby.

To, že Boží Syn Ježíš sestoupil na tuto zemi a zemřel na kříži, nás má vykoupit z našich hříchů přesně podle pravidel spravedlnosti.

Někdo může říct: „Proč jen Bůh nemůže zničit ďábla a spasit všechny?" To on ale nikdy neudělá. Stanovil pravidla spravedlnosti, když vytvářel plán tříbení člověka na počátku, a přesně je dodržuje. To je důvod, proč vykonal tak velikou oběť a obětoval svého jediného Syna, aby pro nás otevřel cestu ke spasení.

Proto nemůžeme být spaseni a jít do nebe pouhým vyznáním našimi ústy: „Já věřím!" a chozením do církve. Musíme se nacházet uvnitř hranic spasení, které Bůh stanovil. Abychom byli spaseni, musíme věřit v Ježíše Krista jako svého osobního Spasitele a zachovávat Boží slovo tak, že budeme žít podle pravidel spravedlnosti.

Kromě této záležitosti ohledně spasení existuje mnoho částí Bible, které nám vysvětlují spravedlnost Boha, který plní všechno přesně podle zákona duchovního světa. Pokud porozumíme této spravedlnosti, bude pro nás velmi snadné vyřešit problémy našich hříchů. Bude také snadnější získat požehnání a odpovědi na modlitby. Například, co musíte udělat, abyste získali touhy vašeho srdce?

Žalm 37:4 říká: „Měj rozkoš z Hospodina — on naplní prosby tvého srdce." Abyste mohli mít opravdové zalíbení v Bohu, musíte se nejprve Bohu líbit. V mnoha částech Bible můžeme najít spoustu způsobů, jak se Bohu zalíbit.

První část verše z Židům 11:6 říká: „Bez víry však není možné se mu zalíbit." Bohu se můžeme zalíbit do té míry, do jaké věříme v Boží slovo, zbavujeme se hříchů a stáváme se posvěcenými. Bohu se můžeme rovněž zalíbit naším úsilím a oběťmi jako král Šalamoun, který Bohu obětoval tisíc obětí. Můžeme také dělat dobrovolníky pro Boží království. A existuje nespočet dalších způsobů.

Proto bychom měli chápat, že čtení Bible a poslech kázání je jedna z cest, jak se naučit pravidla spravedlnosti. Pokud jen posloucháme tato pravidla a líbíme se Bohu, můžeme dostat všechny touhy našeho srdce a vzdát Bohu slávu.

Jednání podle pravidel Boží spravedlnosti

Od doby, kdy jsem přijal Pána a uvědomil si Boží spravedlnost, bylo pro mě velikým potěšením vést život ve víře. Protože jsem jednal podle pravidel spravedlnosti, dostalo se mi Boží lásky i požehnání v podobě financí.

Bůh také říká, že pokud budeme žít podle Božího slova, ochrání nás před nemocemi a neštěstím. A protože jsem já i celá moje rodina žili pouze vírou, všichni členové mé rodiny mají od chvíle, kdy jsem přijal Pána, tak dobré zdraví, že jsme nikdy nebyli v nemocnici ani jsme nebrali žádné léky.

Protože jsem věřil Boží spravedlnosti, která nás nechává sklízet, co jsme zaseli, s radostí jsem Bohu dával, i když jsem žil v chudobě. Někteří lidé říkají: „Jsem tak chudý, že nemám nic, co bych Bohu dal." Ale já jsem dával o to horlivěji, protože jsem byl chudý.

2 Korintským 9:7 říká: „Každý ať dá, jak si předsevzal v srdci, ne se zármutkem nebo z donucení; vždyť radostného dárce miluje Bůh." Jak už bylo řečeno, nikdy jsem nepřišel před Boha s prázdnýma rukama.

Vždycky jsem se těšil z dávání Bohu, třebaže jsem měl málo a brzy se mi dostalo požehnání v podobě financí. Mohl jsem dávat s radostí, protože jsem věděl, že mi Bůh dá natlačenou, natřesenou, překypující měrou 30, 60 nebo 100 krát více, než jsem dal Božímu království s vírou já.

Díky tomu jsem splatil velikou část dluhů, které jsem nadělal, zatímco jsem byl sedm let nemocný upoután na lůžko, a až doteď mi Bůh žehná, takže mi nic nechybí.

Také, protože jsem znal zákon spravedlnosti, že Bůh dává svou moc těm, kdo v sobě nemají zlo a jsou posvěceni, jsem se horlivými modlitbami a půsty neustále zbavoval zla, až jsem nakonec získal Boží moc.

Dnešní úžasná Boží moc se projevuje díky tomu, že jsem dosáhl rozměru lásky a spravedlnosti, kterou ode mě Bůh žádal, zatímco jsem s trpělivostí procházel mnoha těžkostmi a zkouškami. Bůh mi však nedal svou moc bezpodmínečně. Dal mi ji, protože jsem se přesně držel pravidel spravedlnosti. To je důvod, proč na to nepřítel ďábel a satan nemůže nic namítnout.

Kromě toho jsem věřil a uskutečňoval všechna slova zapsaná v Bibli a zakoušel veškeré zázračné působení a požehnání, která jsou rovněž zapsaná v Bibli.

A takové působení se neděje jenom mně. Pokud někdo rozumí pravidlům Boží spravedlnosti zapsaným v Bibli a jedná podle nich, může se mu dostat stejného požehnání, kterého se dostalo mně.

Dvě strany spravedlnosti

Obvykle si lidé myslí, že spravedlnost je něco děsivého, co si s sebou nutně nese trest. Samozřejmě, že podle spravedlnosti budou za hříchy a špatnost následovat strašlivé tresty, ale obráceně bychom v tom mohli najít klíč k našemu požehnání.

Spravedlnost je jako dvě strany jedné mince. Pro ty, kdo žijí ve tmě, představuje něco děsivého, ale pro ty, kdo žijí ve světle, je to něco velmi dobrého. Pokud drží kuchyňský nůž v ruce lupič, může to být vražedná zbraň, ale když ho drží matka od rodiny, je to nástroj k přípravě jídla, který jí pomáhá při přípravě lahodných pokrmů pro její rodinu.

Proto podle toho, u jakého jednotlivce se Boží spravedlnost použije, může být velmi děsivá nebo to může být něco velmi radostného. Pokud rozumíme oběma stranám spravedlnosti, můžeme také chápat, že spravedlnost je naplněna láskou a

Boží lásku také dovršuje spravedlnost. Láska bez spravedlnosti není opravdová láska a ani spravedlnost bez lásky nemůže být opravdová spravedlnost.

Například, co kdybyste potrestali své děti pokaždé, když udělají něco špatně? Nebo, co kdybyste své děti nikdy nepotrestali? V obou případech způsobíte, že vaše děti sejdou na scestí.

Podle spravedlnosti někdy musíte přísně potrestat své děti za jejich provinění, ale nemůžete jim pořád jen ukazovat „spravedlnost". Někdy jim musíte dát druhou šanci a pokud se opravdu odvrátí od svých cest, musíte projevit odpuštění a milosrdenství doprovázené láskou. Avšak znovu, nemůžete pořád jen projevovat milosrdenství a lásku. Je-li to nezbytné, musíte vést své děti na správnou cestu skrze trest.

Bůh nám povídá o bezmezném odpuštění v Matoušovi 18:22: „Pravím ti, ne sedmkrát, ale až sedmdesátkrát sedmkrát."

Ve stejnou chvíli však Bůh říká, že opravdová láska je tu a tam doprovázena trestáním. Židům 12:6 říká: „Neboť koho Pán miluje, toho vychovává, a švihá každého, koho přijímá za syna." Pokud rozumíme tomuto vztahu mezi láskou a spravedlností, porozumíme také tomu, že tato spravedlnost je dokonalá v lásce, a jak budeme pokračovat v rozjímání nad spravedlností, pochopíme, že ve spravedlnosti je obsažena hluboká láska.

Vyšší rozměry spravedlnosti

Spravedlnost má rovněž odlišné rozměry v různých nebesích. A tak, jak stoupáme v úrovních nebe, od prvního nebe do druhého, třetího a čtvrtého nebe, rozměry spravedlnosti se také stávají širšími a hlubšími. Různá nebe dodržují svůj vlastní řád podle spravedlnosti každého z nich.

Důvod, proč existuje rozdíl v rozměru spravedlnosti každého nebe je ten, že rozměr lásky v každém nebi je jiný. A láska a spravedlnost se nedají oddělit. Čím hlubší je rozměr lásky, tím hlubší je také rozměr spravedlnosti.

Když čteme Bibli, může se nám zdát, že spravedlnost ve Starém zákoně a spravedlnost v Novém zákoně se od sebe liší. Například Starý zákon říká: „Oko za oko," což je princip odplaty, ale v Novém zákoně se říká: „Milujte své nepřátele." Princip odplaty se změnil v princip odpuštění a lásky. Znamená to tedy, že se změnila Boží vůle?

Tak tomu rozhodně není. Bůh je duch a je věčně neměnný, takže Boží srdce a vůle obsažené jak v Starém zákoně, tak v Novém zákoně, jsou stejné. Jedná se pouze o to, že v závislosti na rozsahu, do jakého lidé dosáhli lásky, bude uplatněna stejná spravedlnost v různém měřítku. Než Ježíš přišel na tuto zemi a naplnil zákon láskou, byla úroveň lásky, které lidé dokázali rozumět, velmi nízká.

Kdyby jim bylo řečeno, aby milovali své nepřátele, což je velmi vysoká úroveň spravedlnosti, nedokázali by to zvládnout. Proto se ve Starém zákoně uplatňovala nižší úroveň pravidel spravedlnosti, což bylo „oko za oko", aby se nastolil řád.

Nicméně potom, co Ježíš naplnil zákon láskou příchodem na tuto zemi a obětováním svého života za nás hříšníky, se úroveň spravedlnosti, kterou od nás lidí Bůh vyžadoval, zvýšila.

Na příkladu Ježíše jsme viděli úroveň lásky vycházející z nižší úrovně na úroveň lásky, kdy milujeme i své nepřátele. Tudíž již nelze aplikovat princip odplaty „oko za oko". Bůh od nás teď vyžaduje rozměr spravedlnosti, ve kterém se uplatňují pravidla odpuštění a milosrdenství. Samozřejmě, že to, co Bůh opravdu chtěl, i ve starozákonní éře, bylo odpuštění a milost, ale lidé to v té době nedokázali pochopit.

Jak již bylo vysvětleno, zrovna jako existují rozdíly v rozměrech lásky a spravedlnosti ve Starém zákoně a v Novém zákoně, rozměr spravedlnosti se liší v závislosti na rozměru lásky v každém nebi.

Například, když lidé uviděli ženu, která byla přistižena při cizoložství, jednali podle nižší úrovně spravedlnosti prvního nebe a chtěli ji okamžitě ukamenovat. Ale Ježíš, který v sobě měl nejvyšší úroveň spravedlnosti, což je spravedlnost čtvrtého nebe, jí řekl: „Ani já tě neodsuzuji. Jdi a od této chvíle již nehřeš" (Jan 8:11).

Spravedlnost je v našem srdci a každý člověk vnímá jiný rozměr spravedlnosti do té míry, do jaké naplnil své srdce láskou a tříbil své srdce duchem. Občas ti, kdo v sobě mají nižší rozměr spravedlnosti, nedokážou rozumět spravedlnosti těch, kdo v sobě mají vyšší rozměr spravedlnosti.

To proto, že lidé těla nemohou nikdy zcela porozumět tomu, co Bůh dělá. Pouze ti, kdo tříbí své srdce láskou a duchovní myslí, mohou přesně rozumět Boží spravedlnosti a uplatňovat ji.

Avšak uplatňování vyššího rozměru spravedlnosti neznamená, že zbaví platnosti spravedlnost nižšího rozměru nebo ji dokonce zruší. Ježíš měl spravedlnost čtvrtého nebe, ale nikdy neignoroval spravedlnost této země. Jinými slovy, projevoval na této zemi spravedlnost třetího nebe a vyšší v rámci hranice pravidel spravedlnosti této země.

Podobně nemůžeme porušovat spravedlnost, která se uplatňuje v prvním nebi, zatímco sami žijeme v prvním nebi. Samozřejmě s tím, jak se rozměr naší lásky prohlubuje, šířka a hloubka spravedlnosti se rovněž zvyšuje, ale základní rámec je stejný. A tak musíme správně porozumět pravidlům spravedlnosti.

Víra a poslušnost – základní pravidla spravedlnosti

Jaké jsou tedy základní rámec a pravidla spravedlnosti, kterým musíme porozumět a následovat je, abychom dostali odpovědi na naše modlitby? Existuje mnoho věcí včetně například dobroty a pokory. Avšak dvěma nejzákladnějšími principy jsou víra a poslušnost. Je pravidlo spravedlnosti, že dostaneme odpověď, když věříme Božímu slovu a zachováváme ho.

Setník v 8. kapitole Matoušova evangelia měl nemocného sluhu. Byl setníkem vládnoucího římského impéria, ale byl natolik pokorný, aby předstoupil před Ježíše. Měl také velmi dobré srdce a přišel za Ježíšem osobně jen kvůli svému nemocnému sluhovi.

Dalším důvodem, proč mohl dostat setník odpověď, byla jeho víra. Než se rozhodl předstoupit před Ježíše, musel slyšet o Ježíšovi mnoho věcí od lidí okolo sebe. Musel slyšet zprávy o slepých, kteří prozřeli, němých, kteří promluvili, a mnoha nemocných lidech, které Ježíš uzdravil.

Po takových zprávách setník Ježíšovi důvěřoval a měl víru, že může i pro svého sluhu dostat, po čem touží, pokud jen se svou žádostí předstoupí před Ježíše.

Když se skutečně setkal s Ježíšem, vyznal: „Pane, nejsem hoden, abys vstoupil pod mou střechu; ale řekni jen slovo, a můj sluha bude uzdraven" (Matouš 8:8). To, co řekl, mohl říct jen proto, že zcela důvěřoval Ježíši díky zprávám, které o něm slyšel.

Abychom i my měli takovou víru, musíme nejprve činit pokání z toho, že neposloucháme Boží slovo. Pokud jsme nějak zklamali Boha, nedodrželi slib, který jsme mu dali, nedodržovali den odpočinku nebo jsme nedávali řádné desátky, potom musíme ze všech těchto věcí činit pokání.

Musíme také činit pokání z toho, že jsme milovali svět, neměli pokoj s lidmi, přechovávali v sobě všemožné špatnosti jako prchlivost, podrážděnost, frustraci, nepřátelské pocity, závist, žárlivost, svárlivost a prolhanost a jednali díky nim zle. Když rozbijeme tyto hradby z hříchů a necháme mocného Božího služebníka, aby se za nás modlil, můžeme získat víru, že dostaneme na modlitby odpověď a můžeme dostat odpověď, v jakou jsme doufali, v souladu s pravidly spravedlnosti.

Mimo tyto věci existuje mnoho dalších věcí, které musíme zachovávat a následovat, abychom dostali své odpovědi. Patří mezi ně navštěvovat různé bohoslužby, neustávat v modlitbách a dávat Bohu. Abychom dokázali uposlechnout, musíme zcela zapřít sami sebe.

Konkrétně musíme zahodit svou pýchu, domýšlivost, samospravedlnost a sebeprosazování, všechny své myšlenky a teorie, vychloubačnou pýchu života a touhu spoléhat na tento svět. Když se zcela pokoříme a zapřeme sami sebe tímto způsobem, můžeme dostat odpověď podle zákona spravedlnosti zapsaného v Lukášovi 17:33, kde se říká: „Kdo by usiloval svoji duši zachovat, ztratí ji, kdo však by ji ztratil, zachová ji k životu."

Rozumět Boží spravedlnosti a zachovávat ji znamená uznávat Boha. Protože uznáváme Boha, můžeme následovat pravidla, která ustanovil. A uznávat Boha tímto způsobem je víra a opravdová víra je vždy doprovázená skutky poslušnosti.

Uvědomíte-li si jakýkoli hřích, když nad sebou přemítáte s Božím slovem, musíte činit pokání a odvrátit se od svých cest. Mám naději, že budete zcela důvěřovat Bohu a spoléhat na něho. Když to budete dělat, věřím, že si uvědomíte pravidla Boží spravedlnosti jedno po druhém a budete je uskutečňovat, abyste dostávali odpovědi na své modlitby a požehnání od Boha, který nás nechává sklízet, co jsme zaseli, a který nám odplácí podle našich skutků.

Z půli cesty kolem zeměkoule

Bydlím v Birminghamu. Je to překrásné místo. Jsem dcera prvního prezidenta království Buganda v Ugandě a vdala jsem se do Spojeného království za laskavého a příjemného muže, se kterým máme tři dcery.

Mnoho lidí by chtělo žít takovým zámožným životem jako já, ale já jsem příliš šťastná nebyla. Vždycky jsem cítila ve své duši žízeň, která se nedala ničím uhasit. Dlouho jsem trpěla chronickou poruchou trávicího ústrojí, což mi způsobovalo mnoho bolesti. Nemohla jsem jíst ani dobře spát.

Také mě mučila řada nemocí včetně vysoké hladiny cholesterolu, srdeční poruchy a nízkého krevního tlaku. Lékaři mě varovali, že bych mohla dostat srdeční záchvat nebo infarkt.

V srpnu 2005 však nastal v mém životě zvrat. Nějakou náhodou jsem se setkala s jedním z pomocných pastorů církve Manmin Central Church, který navštívil Londýn. Dostala jsem od něj knihy a audio

Se svým manželem Davidem

kázání a jejich obsah se mě velmi dotkl.

Byl založen na Bibli, ale taková hluboká a inspirativní poselství jsem do té doby nikde jinde neslyšela. Moje žíznící duše byla uspokojena a můj duchovní zrak se otevřel natolik, abych dokázala porozumět Slovu.

Nakonec jsem navštívila Jižní Koreu. Ve chvíli, kdy jsem vešla do modlitebny Manmin Central Church, celé moje tělo zaplavil pokoj. Rev. Jaerock Lee se za mě pomodlil. Až když jsem se vrátila zpět domů, uvědomila jsem si Boží lásku. Výsledky endoskopie provedené 21. října byly normální. Úroveň cholesterolu byla normální a krevní tlak byl také normální. Byla to moc modlitby!

Tato zkušenost mi umožňuje získávat větší víru. Měla jsem srdeční slabosti a napsala jsem reverendovi Jaerockovi Lee, aby se za mě modlil. 11. listopadu, během jedné páteční celonoční bohoslužby v Manmin Central Church, se za mě modlil. Modlitba se ke mě v půli cesty kolem zeměkoule dostala prostřednictvím Internetu.

Modlil se: „Ve jménu Ježíše Krista ti srdeční slabosti nařizuji, ať odejdeš. Bože Otče, uzdrav ji!"

Ve chvíli, kdy pronášel modlitbu, jsem pocítila silné působení Ducha svatého. Kdyby mě můj manžel nedržel, spadla bych díky silné moci na zem. Asi po 30ti sekundách jsem přišla k sobě.

16. listopadu jsem šla na angiografii. Můj lékař to navrhl, protože jsem měla potíže s jednou ze svých srdečních arterií. Provádělo se to

malou kamerou upevněnou na malé trubičce. A výsledek byl vskutku ohromující.

Lékař pronesl: „Za posledních pár let jsem v této místnosti neviděl tak zdravé srdce."

Celé mé tělo se rozechvělo, protože jsem vnímala Boží ruce, když jsem slyšela slova svého lékaře. Od té chvíle jsem se rozhodla žít jiný život. Chtěla jsem zasáhnout náctileté, opomíjené a vůbec kohokoli, kdo potřebuje slyšet evangelium.

A Bůh mi můj sen splnil. Spolu se svým manželem jsme založili církev London Manmin Church jako misionáři a kážeme živého Boha.

Výňatek z knihy Mimořádné věci

 # Poslušnost

> Poslouchat Boží slovo se slovy ‚Ano' a ‚Amen' je zkratka k tomu, abyste mohli zakoušet Boží skutky.

Naprostá Ježíšova poslušnost

Ježíš poslouchal spravedlnost prvního nebe

Lidé, kteří zakusili skrze poslušnost Boží skutky

Poslušnost je důkazem víry

Církev Manmin Central Church je ohledně poslušnosti v čele světové evangelizace

„A když se ukázal v podobě člověka, ponížil se, stal se poslušným
až k smrti, a to smrti na kříži. "

(Filipským 2:7-8)

Bible ukazuje mnoho případů, kdy všemohoucí Bůh učinil naprosto nemožné věci. Staly se takové zázraky jako zastavení slunce a měsíce na obloze nebo rozdělení moře, takže ho lidé mohli přejít suchou nohou. Podle spravedlnosti prvního nebe k takovým věcem dojít nemůže, jsou ale možné podle spravedlnosti třetího nebo ještě vyššího nebe.

Abychom i my mohli zakoušet takové Boží skutky, musíme vyhovět určitým podmínkám. Existuje několik podmínek, které je třeba splnit a důležitou roli mezi nimi hraje poslušnost. Poslouchat Slovo všemohoucího Boha se slovy „Ano" a „Amen" je zkratkou k tomu, abyste mohli zakoušet Boží skutky.

1 Samuelova 15:22 říká: „Samuel řekl: ‚Má Hospodin zalíbení v zápalech a obětech jako v poslouchání Hospodina? Hle, poslouchat je lepší než oběť, dávat pozor je víc než tuk beranů.'"

Naprostá Ježíšova poslušnost

Ježíš poslouchal Boží vůli až do svého ukřižování, aby spasil hříšné lidstvo. I my můžeme být spaseni vírou, když prokážeme takovou poslušnost, jakou prokázal Ježíš. Abychom porozuměli, jak můžeme být spaseni naší vírou v Ježíše, musíme nejprve popřemýšlet nad tím, jak se lidstvo dostalo na cestu smrti.

Než se stal hříšníkem, mohl si Adam užívat věčný život v zahradě v Edenu. Ale od chvíle, kdy pojedl ze stromu poznání, ze kterého jim Bůh zakázal jíst, musel podle zákona duchovního světa, který říká, že „mzdou hříchu je smrt" (Římanům 6:23), zemřít a propadnout peklu.

Protože však Bůh věděl, že Adam neuposlechne, připravil už od počátku věků Ježíše Krista. To mělo otevřít cestu ke spasení v rámci

Boží spravedlnosti. Ježíš, který je Slovem, které se stalo tělem, se na této zemi narodil v lidském těle.

Protože Bůh vyslovil proroctví o Spasiteli, Mesiáši, nepřítel ďábel a satan o Spasiteli také věděl. Ďábel se vždycky chopil šance, aby Spasitele zabil. Když tři mudrcové řekli, že se narodil Ježíš, byl to ďábel, kdo podnítil krále Heroda, aby zabil všechny chlapce mladší dvou let.

Ďábel také navedl špatné lidi, aby ukřižovali Ježíše. Ďábel měl za to, že když zabije Ježíše, který přišel na zem, aby se stal Spasitelem, povede pak všechny hříšníky do pekla a bude je mít navždy všechny pod svou kontrolou.

Protože však Ježíš neměl ani prvotní hřích ani se sám nedopustil žádného hříchu, nebyl subjektem, který by měl zemřít podle zákona spravedlnosti, který říká, že mzdou hříchu je smrt. Ďábel tedy ve skutečnosti dovedl Ježíše až k zabití a tím porušil zákon spravedlnosti.

V důsledku toho Ježíš, který byl bez hříchu, zvítězil nad smrtí a byl vzkříšen. Nyní každý, kdo uvěří v Ježíše Krista, může být vzkříšen a získat věčný život. Nejprve byli Adam a jeho potomci, podle zákona spravedlnosti, který říká, že mzdou hříchu je smrt, předurčeni k tomu, aby šli cestou smrti, později ale otevřel Ježíš Kristus cestu ke spasení. Toto je „o Boží moudrosti, skryté v tajemství, které Bůh před věky předurčil k naší slávě" v 1 Korintským 2:7.

Ježíš nikdy nepřemýšlel tímto způsobem: „Proč bych měl být zabit za hříšníky, když jsem bez hříchu?" Ochotně na sebe vzal kříž a nechal se ukřižovat v souladu s Boží prozíravostí. Byla to naprostá a dokonalá Ježíšova poslušnost, která otevřela cestu k našemu spasení.

Ježíš poslouchal spravedlnost prvního nebe

Během celého svého života na této zemi Ježíš zcela poslouchal Boží vůli a žil podle zákona spravedlnosti prvního nebe. Ačkoli byl samotnou svou přirozeností Bůh, vzal na sebe lidské tělo a zakoušel hlad, únavu, bolest, žal a osamělost stejně jako lidé.

Než započal svou veřejnou službu, 40 dnů se postil. A přestože je pánem nad všemi věcmi, horlivě volal v modlitbách a neustále se modlil. Třikrát ho na konci čtyřicetidenní doby půstu pokoušel ďábel a on ho zahnal Božím slovem, aniž by se nechal zlákat nebo zviklat.

Ježíš má také Boží moc, takže mohl konat jakékoli zázraky a úžasné věci. Přesto takové zázraky konal pouze tehdy, když to bylo nezbytné podle Boží prozíravosti. Projevil moc Božího Syna u takových událostí jako proměnění vody ve víno a nakrmení 5000 lidí pěti chleby a dvěma rybami.

Kdyby po tom zatoužil, mohl by zničit ty, kdo se mu vysmívali a ukřižovali ho. On však tiše přijal pronásledování a pohrdání a poslušně se nechal ukřižovat. Cítil všechno utrpení a bolest jako člověk a prolil všechnu svou krev a vodu.

Židům 5:8-9 říká: „Ačkoli to byl Syn, naučil se poslušnosti tím, co vytrpěl. I dosáhl dokonalosti a stal se všem, kdo ho poslouchají, původcem věčné záchrany."

Protože Ježíš svou naprostou poslušností naplnil zákon spravedlnosti, tak se každý, kdo přijme Pána Ježíše a žije v pravdě, může stát služebníkem spravedlnosti a dosáhnout spasení, aniž by musel jít cestou smrti jako služebníci hříchu (Římanům 6:16).

Lidé, kteří zakusili skrze poslušnost Boží skutky

Ačkoli byl Boží Syn, Ježíš naplnil Boží prozíravost díky své naprosté poslušnosti. O co víc bychom měli i my, pouhá stvoření, beze zbytku poslouchat, abychom zakusili Boží skutky? Vyžaduje se naprostá poslušnost.

Ve 2. kapitole Jana Ježíš udělal zázrak v podobě proměnění vody ve víno. Když došlo na svatební hostině víno, dala panna Marie služebníkům přesné instrukce udělat, cokoli jim Ježíš řekne. Ježíš pověděl služebníkům, aby „naplnili kamenné nádoby vodou až po okraj a zanesli je správci hostiny". Jakmile správce hostiny ochutnal vodu, voda už byla proměněná v dobré víno.

Kdyby služebníci neposlechli Ježíše, který jim pověděl, aby zanesli vodu správci hostiny, nezažili by zázrak proměnění vody ve víno. Protože panna Marie velmi dobře znala zákon poslušnosti a spravedlnosti, požádala služebníky, aby Ježíše poslechli, ať řekne cokoli.

Dále můžeme přemýšlet také nad Petrovou poslušností. Petr za celou noc nechytil jedinou rybu. Ale když Ježíš přikázal: „Zajeď na hlubinu a spusťte své sítě k lovu", Petr poslechl se slovy: „Mistře, celou noc jsme tvrdě pracovali a nic jsme nechytili. Ale na tvé slovo spustím sítě." Když to udělali, zabrali velké množství ryb a jejich sítě se začaly trhat (Lukáš 5:4-6).

Protože Ježíš, který byl jedno s Bohem Stvořitelem, promluvil hlasem stvoření, velké množství ryb ihned uposlechlo jeho příkaz a vklouzlo do sítě. Co by se však stalo, kdyby Petr neuposlechl Ježíšův příkaz? Kdyby řekl: „Pane, v chytání ryb se vyznám lépe než ty. Chytali jsme neúspěšně ryby celou noc a už jsme velmi unavení. Pro dnešek jsme skončili. Bylo by únavné pustit se znovu na hlubinu a spustit sítě," potom by se žádný zázrak nekonal.

Vdova ze Sarepty ze 17. kapitoly 1 Královské rovněž zakusila Boží skutky díky své poslušnosti. Po dlouhém suchu jí docházelo jídlo a zůstala jí pouze hrst mouky a trocha oleje. Jednoho dne k ní přišel Elijáš a požádal ji o jídlo slovy: „Neboť toto praví Hospodin, Bůh Izraele: ‚Mouka ve džbánu nedojde a oleje ve džbánku nebude nedostatek až do dne, kdy dá Hospodin déšť na povrch země'" (1 Královská 17:14).

Vdova a její syn by po spolknutí posledního sousta už jen čekali na smrt. Ona však věřila a poslechla Boží slovo, které jí od Boha Elijáš doručil. Dala všechno své jídlo Elijášovi. A Bůh učinil pro poslušnou ženu zázrak, jak slíbil. Mouka ve džbánu se nespotřebovala a olej ve džbánku nedošel, dokud zničující sucho neskončilo. Vdova, její syn a Elijáš byli zachráněni.

Poslušnost je důkazem víry

Marek 9:23 uvádí: „Ježíš mu řekl: ‚Můžeš-li! Všechno je možné tomu, kdo věří.'"

Zákon spravedlnosti říká, že pokud věříme, potom můžeme zakoušet skutky všemohoucího Boha. Pokud se s vírou modlíme, potom odejdou nemoci a pokud s vírou nařizujeme, vycházejí démoni a všemožné těžkosti a zkoušky mizí. Modlíme-li se s vírou, může se nám dostat finančního požehnání. S vírou je možné všechno!

Je to skutek poslušnosti, který dosvědčuje, že máme víru dostávat odpovědi podle zákona spravedlnosti. Jakubův list 2:22 říká: „Vidíš, že víra působila spolu s jeho skutky a že v těch skutcích se stala víra dokonalou." Jakubův list 2:26 říká: „Neboť jako je tělo bez ducha mrtvé, tak je mrtvá i víra bez skutků."

Elijáš požádal vdovu ze Sarepty, aby mu přinesla své poslední jídlo. Kdyby řekla: „Věřím, že jsi Boží muž a věřím, že mi Bůh požehná a jídlo mi nikdy neubude," ale neposlechla by, nezakusila by žádný Boží skutek. To proto, že její skutky by neprojevily důkaz její víry.

Vdova však důvěřovala Elijášovým slovům. Na důkaz své víry uposlechla jeho slova a přinesla mu své poslední jídlo. Tento skutek poslušnosti osvědčil její víru a stal se zázrak podle zákona spravedlnosti, který říká, že všechno je možné tomu, kdo věří.

Abychom dosáhli vizí a snů daných Bohem, naše víra a poslušnost jsou velmi důležité. Patriarchové jako Abraham, Jákob a Josef si vložili Boží slovo do své mysli a poslechli.

Když byl Josef mladý, Bůh mu dal sen o tom, jak se stane váženým mužem. Josef nejenom, že uvěřil snu, ale také si ho po celou dobu připomínal a nezměnil názor, dokud sen neuskutečnil. Vzhlížel k Božím skutkům za všech okolností a následoval Boží vedení.

I když byl 13 let otrokem a vězněm, nezpochybňoval sen, který mu Bůh dal, ačkoli realita byla zcela opačná než jeho sen. Šel správnou cestou a poslouchal Boží přikázání. Bůh viděl jeho víru a poslušnost a naplnil jeho sen. Všechny zkoušky dospěly ke svému konci a ve věku 30 let se stal druhým nejmocnějším mužem v celé egyptské zemi hned po faraónovi, králi Egypta.

Církev Manmin Central Church je ohledně poslušnosti v čele světové evangelizace

V dnešní době má církev Manmin Central Church více než deset tisíc poboček/přidružených církví po celém světě a šíří evangelium do každého kouta světa prostřednictvím internetových služeb, satelitní TV a jiných médií. Církev projevila skutky poslušnosti v souladu se zákonem spravedlnosti od počátku všech těchto služeb až dodnes.

Od chvíle, kdy jsem se setkal s Bohem, jsem byl uzdraven ze všech svých nemocí a mým snem bylo stát se řádným starším v Božích očích, který bude oslavovat Boha a pomáhat mnoha chudým lidem. Jednoho dne si mě Bůh povolal jako svého služebníka se slovy: „Vybral jsem si tě jako svého služebníka už od počátku věků." A řekl, že pokud se budu vyzbrojovat Božím slovem po dobu tří let, překročím oceány, řeky a hory a vykonám zázračná znamení, kamkoli půjdu.

Ve skutečnosti jsem byl relativně ještě stále novým věřícím. Co se týče mluvení před davem, byl jsem na tom co by introvert spíše bídně. Nicméně jsem poslechl bez jakékoli výmluvy a stal jsem se Božím služebníkem. Udělal jsem všechno pro to, abych chodil podle Božího slova v podobě 66 knih Bible a modlil jsem se spolu s půsty pod vedením Ducha svatého. Poslechl jsem způsobem, jaký Bůh přikázal.

Když jsem pořádal velké kampaně v zahraničí, neplánoval jsem je ani se na ně nepřipravoval svým vlastním způsobem, ale poslouchal jsem pouze Boží nařízení. Šel jsem jen tam, kam mi Bůh přikázal, abych šel. Co se týče velkých kampaní, obvykle zabere roky, než se na ně připravíte, ale když to Bůh přikázal, dokázali jsme se připravit i za několik měsíců.

I když jsme neměli dostatek peněz, abychom tyto velké kampaně uspořádali, tak když jsme se modlili, Bůh pokaždé naplnil naše finanční potřeby. Někdy mi Bůh přikázal, abych šel do zemí, kde nebylo možné kázat evangelium.

V roce 2002, zatímco jsme se připravovali na kampaň v Čennaí v Indii, vláda Tamilnádu ohlásila nové nařízení zakazující násilné konverze. Nařízení regulovalo, aby žádná osoba nekonvertovala ani se nepokusila konvertovat jakoukoli osobu z jednoho náboženství k druhému násilím, různými lákadly nebo jakýmikoli jinými lstivými způsoby. Přestoupení tohoto nařízení mohlo přivodit vězení v délce trvání až 5 let a pokutu, pokud byl konvertita „minorita, žena nebo osoba náležející k soupisné kastě nebo k soupisnému kmeni". Pokuta v rupiích činila 1 lakh, což je 100 000 rupií, tedy mzda za 2000 dní.

Naše kampaň v Marina Beach byla zaměřená nejenom na indické křesťany, ale také na mnoho hindů, kteří tvoří více než 80 % celé populace.

Nařízení v podobě zákazu násilné konverze mělo vstoupit v platnost počínaje prvním dnem naší kampaně. A tak, když jsem vstoupil na pódium a začal kázat evangelium, musel jsem se připravit i na případné uvěznění. Někteří lidé mi řekli, že přijde policie Tamilnádu a bude sledovat naši kampaň, ze které si pořídí nahrávku.

V této hrozivé situaci se indičtí služebníci a organizační výbor cítili napnutí a nervózní. Sebral jsem ale odvahu a poslechl Boha, protože Bůh mi to přikázal. Nebál jsem se zatčení ani toho, že půjdu do vězení, a odvážně jsem hlásal Boha Stvořitele a Spasitele Ježíše

Krista.

Potom Bůh začal konat úžasné věci. Zatímco jsem kázal, řekl jsem: „Jestli máte víru ve svém srdci, postavte se a choďte." V té chvíli nějaký chlapec vstal a začal chodit. Než chlapec přišel na kampaň, prodělal operaci pánve a kyčelního kloubu, kdy mu byly obě části spojeny kovovou destičkou. Po operaci trpěl velikými bolestmi a nemohl udělat ani krok bez berlí. Když jsem však nařídil: „Vstaň a choď," ihned odhodil berle a začal chodit.

V ten den se kromě tohoto zázraku u náctiletého chlapce přihodilo mnoho dalších úžasných skutků Boží moci. Slepí začali vidět, hluší slyšet a němí mluvit. Hodně lidí se zvedlo z invalidních vozíků a odhodilo své berle. Zprávy se rychle rozšířily do města a následující den se na místě shromáždilo ještě mnohem více lidí.

Celkem tři milióny lidí navštívily setkání a co bylo překvapivější, více než 60 % zúčastněných byli hindové. Měli na svých čelech hinduistické značky. Potom, co si poslechli poselství a stali se svědky mocných Božích skutků, zbavili se svých značek a rozhodli se konvertovat ke křesťanství.

Kampaň přinesla spojení místních křesťanů a zákaz násilné konverze byl nakonec zrušen. Díky poslušnosti Božímu slovu byla odvedena skvělá práce. Co konkrétně musíme poslouchat, abychom zakusili takové úžasné Boží skutky?

Za prvé, musíme poslouchat všech 66 knih Bible.

Neměli bychom poslechnout Boží slovo pouze, když se před námi objeví samotný Bůh a něco nám řekne. Musíme se řídit slovy, která jsou zapsána ve všech 66 knihách Bible, a to neustále. Měli bychom rozumět Boží vůli a řídit se jí v rozsahu celé Bible, potom můžeme dodržovat slovo, které se káže v církvi. Tedy slova, která nám říkají, abychom určité věci dělali, nedělali, dodržovali nebo se jich zbavovali. Jsou to pravidla Boží spravedlnosti, a tak bychom je měli poslouchat.

Například slyšíte, že máte v slzách činit pokání ze svých hříchů. Je to zákon, který říká, že můžeme dostat od Boha odpověď pouze tehdy, když zničíme hradbu z hříchů stojící mezi námi a Bohem (Izajáš 59:1-2). Také slyšíte, že máte volat v modlitbách k Bohu. Je to způsob modlitby, který přináší odpovědi podle zákona, který předpisuje, že jíme ovoce své dřiny a potu (Lukáš 22:44).

Abychom se setkali s Bohem a získali od něj odpovědi na své modlitby, musíme nejprve činit pokání ze svých hříchů, volat v modlitbách k Bohu a žádat Boha o to, co potřebujeme. Pokud někdo zničí hradbu z hříchů, modlí se ze všech svých sil a projevuje skutky víry, může se setkat s Bohem a dostat odpovědi. To je zákon spravedlnosti.

Za druhé, musíme věřit slovům Božích služebníků, se kterými je Bůh, a řídit se jimi.

Hned po otevření naší církve byl na bohoslužbu přinesen na nosítkách pacient s rakovinou. Pověděl jsem mu, aby se na bohoslužbě posadil. Jeho manželka ho podpírala zezadu a on mohl během bohoslužby sotva sedět. Nevěděl jsem snad, jak je pro něj obtížné se posadit, když byl tak těžce nemocný a museli ho přinést na nosítkách? Samozřejmě, že jsem to věděl, ale pověděl jsem mu to inspirován Duchem svatým a on poslechl.

Když Bůh viděl jeho poslušnost, ihned ho zázračně uzdravil. A sice všechna jeho bolest odešla a on se mohl postavit a kráčet sám.

Zrovna jako vdova ze Sarepty poslechla Elijášova slova a důvěřovala Božímu muži, poslušnost tohoto muže se stala cestou k Boží odpovědi. Nemohl být uzdraven svou vlastní vírou. Ale zakusil uzdravující Boží moc, protože poslechl slova Božího muže, který projevoval Boží moc.

Za třetí, musíme zachovávat skutky Ducha svatého.

Dále, abychom od Boha získali odpovědi na naše modlitby, měli bychom neustále následovat hlas Ducha svatého, zatímco se budeme modlit a poslouchat kázání. To proto, že Duch svatý, který v nás přebývá, nás vede na cestu spasení a odpovídá nám podle zákona spravedlnosti.

Například, pokud vás během kázání Duch svatý nabádá k tomu, abyste se po bohoslužbě více modlili, poslechněte. Poslechnete-li, budete moci činit pokání ze svých hříchů, které vám ještě nebyly odpuštěny, nebo dostat z Boží milosti dar jazyků. Tu a tam přijde během vašich modliteb požehnání.

Když jsem uvěřil, musel jsem dělat těžkou práci na stavbách, abych vyšel s penězi. Chodil jsem domů unavený pěšky, jen abych ušetřil jízdné na autobus. Avšak když Duch svatý pohnul mým srdcem, abych daroval část peněz na výstavbu modlitebny nebo jako dar díků, poslechl jsem.

Daroval jsem, aniž bych do toho pletl své vlastní myšlenky. Když jsem neměl peníze, dal jsem slib, že je Bohu dám do určitého data. A s veškerým svým úsilím jsem peníze do určitého data sehnal a dal je Bohu. Protože jsem poslechl, Bůh mi stále více žehnal věcmi, které pro mě připravil.

Bůh vidí naši poslušnost a otevírá dveře svými odpověďmi a požehnáním. Co se týče mě osobně, dal mi různé odpovědi ať už na velké či malé věci, ať jsem prosil o cokoli, ne jenom v oblasti financí. Dal mi cokoli, oč jsem požádal, když jsem ho s vírou poslechl.

2 Korintským 1:19-20 říká: „Neboť Boží Syn, Ježíš Kristus, který byl mezi vámi skrze nás vyhlášen – mnou, Silvanem a Timoteem – nebyl ‚ano‘ i ‚ne‘, nýbrž v něm se uskutečnilo ‚ano‘. Neboť všechna Boží zaslíbení, kolik jich jen je, v něm jsou ‚ano‘. Proto je také skrze něho řečeno ‚amen‘ k slávě Bohu skrze nás.“

Abychom mohli zakoušet Boží skutky podle zákona spravedlnosti, musíme svou poslušností projevovat skutky víry. Pokud poslechneme podle příkladu Ježíše bez ohledu na naše okolnosti nebo podmínky, potom se před námi ve veliké míře rozhojní Boží skutky. Mám naději, že budete všichni poslouchat Boží slovo se slovy „Ano“ a „Amen“ a zakusíte Boží působení ve svém každodenním životě.

Dr. Paul Ravindran Ponraj (Čennaí, Indie)

- začínající lékař, kardiotorakální chirurgie v nemocnici Southampton General Hospital, Spojené království
- odborný lékař kardiotorakální chirurgie v nemocnici St. Georges Hospital, Londýn, Spojené království
- starší odborný lékař kardiotorakální chirurgie v nemocnici HAREFIELD, Middlesex, Spojené království
- kardiotorakální chirurg, nemocnice Willingdon Hospital, Čennaí

Boží moc přesahující medicínu

U mnoha svých nemocných pacientů používám šátek s pomazáním a měl jsem možnost vidět, jak se uzdravují. Když jsem na operačním sále a operuji, vždy mám šátek ve své kapse u košile. Rád bych popsal zázrak, který se stal v roce 2005.

Mladý muž ve věku 42 let, povoláním stavitel z jednoho z měst v Tamilnádu, ke mně přišel s koronární arterií s tím, že mu bylo doporučeno, aby podstoupil chirurgický zákrok v podobě bypassu. Připravil jsem ho na operaci a on prodělal zákrok. Šlo o snadný nekomplikovaný zákrok se 2 bypassy (bez mimotělního oběhu) při nepřerušeném bití srdce. Operace asi po dvou a půl hodině skončila. Když jsme mu zašili hrudník, stal se nestabilním a vykazoval abnormální EKG a pokles krevního tlaku. Znovu jsem mu otevřel hrudník a ujistil se, že jsou bypassové transplantáty bezchybně zavedené. Poté byl odeslán do kateterizační laboratoře na angiografii. Zjistilo se, že všechny jeho krevní cévy v srdci a velké krevní cévy v jeho nohou se dostaly do spasmu bez průtoku krve. Důvod této situace se nepodařilo objasnit až do dnešního dne.

Tomuto mladému muži nezbývala žádná naděje. Vzali jsme ho na operační sál s externí masáží srdce, znovu mu otevřeli hrudník a masírovali mu srdce přímo více než 20 minut. Připojili jsme ho k přístroji pro mimotělní oběh.

Byla mu podána vazodilatační infuze, aby došlo ke zmírnění spasmu, ale bez reakce. Měl nízký systolický krevní tlak 25 až 30 mm Hg po více než 7 hodin a já jsem si uvědomoval, že přísun krve a kyslíku při tomto tlaku není adekvátní pro fungování jeho mozku.

Po 18ti hodinách boje a 7 hodinách, kdy byl napojen na mimotělní oběh bez pozitivní reakce, jsme se rozhodli hrudník uzavřít a prohlásit pacienta za mrtvého. Poklekl jsem a začal jsem se modlit. Řekl jsem: „Bože, jestli to tak chceš, ať se tak stane." Začal jsem operaci modlitbou a měl po celou dobu u sebe v kapse šátek s pomazáním od Dr. Jaerocka Lee. Přitom jsem si vybavoval, co bylo řečeno ve Skutcích 19:12. Vstal jsem od modlitby a vešel do operačního sálu, když se pacientovi uzavíral hrudník předtím, než měl být prohlášen za mrtvého.

Náhle však došlo k prudkému zvratu a pacient se dostal do

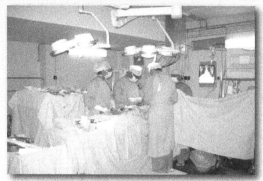

Dr. Paul Ponraj - operatér (centrum)

normálního stavu. EKG bylo naprosto normální. Celý tým byl šokován a jeden člen týmu, nevěřící člověk, řekl, že Bůh, ve kterého věřím, mě poctil. Je pravda, že když kráčíte ve víře, nacházíte se uprostřed zázraku a na konci neštěstí. Tento mladý muž vycházel z nemocnice bez neurologického deficitu s výjimkou malého otoku na pravé noze. V modlitební skupince pak svědčil o tom, že se chystá sloužit Bohu naplno, protože od něj dostal druhý život.

Výňatek z knihy Mimořádné věci

Víra

Kdybychom měli plnost víry,
můžeme porazit Boží moc
i tváří v tvář zdánlivě nemožným situacím.

Opravdové srdce a plnost víry

Vztah mezi vírou a opravdovostí

Žádat v plnosti víry

Abraham s opravdovým srdcem v plnosti víry

Tříbení opravdového srdce a plnosti víry

Zkoušky víry

Kampaň v Pákistánu

„ ... přistupujme s opravdovým srdcem v plnosti víry,
se srdcem očištěným od
zlého svědomí a s tělem obmytým čistou vodou. "

(Židům 10:22)

Lidé dostávají odpovědi od Boha v různém měřítku. Někteří dostanou odpověď po jediné modlitbě nebo když po něčem jenom zatouží ve svém srdci, zatímco jiní musejí Bohu obětovat mnoho dní modliteb a půstu. Někteří lidé konají znamení, ovládají moc temnoty a uzdravují nemocné skrze modlitbu víry (Marek 16:17-18). Na druhou stranu, jiní lidé říkají, že se modlí s vírou, ale po jejich modlitbách není ani stopy po znameních nebo divech, které by se následně odehrály.

Pokud někdo trpí nemocí, ačkoli věří v Boha a modlí se, musí nad svou vírou přemítat. Slova v Bibli jsou pravda, která se nikdy nezmění, a tak pokud má někdo víru, kterou Bůh uznává, může dostat cokoli, oč požádá. Ježíš nám v Matoušovi 21:22 zaslíbil: „A všechno, oč byste v modlitbě požádali, budete-li věřit, dostanete." Co je tedy důvodem pro to, že lidé dostávají odpovědi od Boha v různém měřítku?

Opravdové srdce a plnost víry

Židům 10:22 říká: „... přistupujme s opravdovým srdcem v plnosti víry, se srdcem očištěným od zlého svědomí a s tělem obmytým čistou vodou." Opravdové srdce tady znamená pravdivé srdce, které v sobě nemá žádnou lež. Je to srdce, které se podobá srdci Ježíše Krista.

Jednoduše řečeno, plnost víry je dokonalá víra. Znamená to věřit všem slovům 66 knih Bible bez jakékoli pochyby a dodržovat všechna Boží přikázání. Do té míry, do jaké máme opravdové srdce, můžeme mít dokonalou víru. Vyznání těch, kteří dosáhli pravdivého srdce, je pravé vyznání víry. Bůh na modlitby těchto lidí odpovídá velmi rychle.

Mnoho lidí vyznává svou víru před Bohem, ale opravdovost v jejich vyznáních se liší. Jsou lidé, jejichž vyznání víry jsou 100% pravdivá, protože jejich srdce je 100% opravdové, zatímco existují jiní, jejichž vyznání víry jsou pouze na 50 % pravdivá, protože jejich srdce je pouze na 50 % pravdivé. Pokud je něčí srdce pouze na 50 % pravdivé, Bůh řekne: „Důvěřuješ mi pouze z půlky." Opravdovost obsažená ve vyznání víry člověka je jeho měřítkem víry, kterou Bůh uznává.

Vztah mezi vírou a opravdovostí

V našich vztazích s ostatními se slova o tom, že druhému člověku důvěřujeme a skutečná míra, do které mu důvěřujeme, mohou podstatně lišit. Například, když jde matka ven a nechá své náctileté děti doma, co řekne? Může říct: „Chovejte se slušně a zůstaňte doma, nikam nechoďte. Věřím vám." Opravdu důvěřuje taková matka svým dětem?

Pokud matka svým dětem důvěřuje, nemusí jim říkat: „Věřím vám." Stačí jí jen říct: „Budu zpátky do té a té doby." Ale ona přidá něco navíc, protože svým dětem nedůvěřuje. Může ještě dodat: „Zrovna jsem uklidila, tak ať dům zůstane čistý. Nedotýkejte se mé kosmetiky a nezapínejte plynový hořák." Probírá bod za bodem, kde si není jistá, a než úplně odejde ze dveří, řekne: „Věřím vám, tak mě poslechněte..."

Pokud má ještě menší důvěru, tak potom, co po všech těch

řečech odejde, zavolá domů a zkontroluje, co děti dělají. Zeptá se: „Co děláte? Je všechno v pořádku?" a snaží se zjistit, co její děti dělají. Řekla svým dětem, že jim důvěřuje, ale ve svém srdci jim nedokáže důvěřovat naplno. Míra důvěry rodičů dětem je různá.

Některým dětem můžete důvěřovat více než jiným dětem podle toho, jak upřímné a důvěryhodné skutečně jsou. Pokud vždy poslouchají své rodiče, mohou jim jejich rodiče důvěřovat na 100 %. Když tito rodiče řeknou: „Důvěřujeme vám," je to naprostá pravda.

Žádat v plnosti víry

Pokud dítě, kterému rodiče důvěřují na 100 %, o něco požádá, rodiče mu dají, oč požádá. Nemusejí se ho ptát: „Co s tím budeš dělat?" „Potřebuješ to zrovna teď?" a tak dále. Mohou mu dát, co chce, s plnou důvěrou a myslet si: „Žádá o to, protože je to naprosto nutné. Nepřijde to na zmar."

Pokud ale rodiče svému dítěti naplno nedůvěřují, vyhoví mu pouze v případě, když budou chápat důvod jeho žádosti. Čím méně důvěry mají, tím méně budou moci věřit tomu, co jim jejich dítě říká a budou váhat poskytnout mu to, oč žádá. Pokud se dítě znovu a znovu dožaduje, rodiče to někdy vzdají a dají mu to, ne proto, že by mu věřili, ale protože se jich dítě neustále dožaduje.

Stejným způsobem funguje princip mezi námi a Bohem. Máte opravdové srdce, takže Bůh může uznat vaši víru na 100 %

slovy: „Můj synu, má dcero, věříš mi v plnosti?"

Neměli bychom být těmi, kdo od Boha dostávají jen proto, že žádají mnoho dnem i nocí. Měli bychom získat, oč požádáme tím, že budeme chodit v pravdě ve všech věcech a nebudeme mít nic, díky čemu bychom mohli být odsouzeni (1 Janův 3:21-22).

Abraham s opravdovým srdcem v plnosti víry

Důvod, proč se Abraham mohl stát otcem víry, spočívá v tom, že měl opravdové srdce a plnost víry. Abraham věřil v Boží příslib a nikdy o něm v žádné situaci nezapochyboval.

Když bylo Abrahamovi 75 let, Bůh mu slíbil, že z něho povstane veliký národ. Ale po více než dalších 20 let se mu žádné dítě nenarodilo. Když mu bylo 99 let a jeho ženě Sáře 89 let a byli už příliš staří na to, aby měli děti, Bůh řekl, že budou mít po roce syna. Římanům 4:19-22 vysvětluje jeho situaci.

Říká se zde: „A neochabl ve víře, ani když mu bylo asi sto let; ačkoliv pohleděl na své již umrtvené tělo a na odumřelé lůno Sářino, nezačal v nevěře o Božím zaslíbení pochybovat, ale byl posílen ve víře, když vzdal slávu Bohu, a nabyl pevného přesvědčení, že to, co Bůh zaslíbil, je mocen i učinit. Proto mu to také bylo počteno za spravedlnost."

Ačkoli to bylo z lidského hlediska absolutně nemožné, Abraham nikdy nezapochyboval. Naopak, naplno věřil v Boží příslib a Bůh Abrahamovu víru uznal. Bůh mu dal příští rok syna Izáka, jak zaslíbil.

Ale aby se Abraham stal otcem víry, zbývala ještě jedna

zkouška. Abraham měl Izáka ve věku 100 let a Izák dobře prospíval. Abraham svého syna velmi miloval. V té době Bůh Abrahamovi nařídil obětovat Izáka jako zápalnou oběť způsobem, jakým se obětovali býci nebo beránci. Ve starozákonní době lidé ze zvířete stáhli kůži, nasekali ho na kusy a až potom ho obětovali jako zápalnou oběť.

Židům 11:17-19 dobře vystihuje, jak Abraham v danou chvíli jednal: „Vírou Abraham obětoval Izáka, když byl zkoušen; ten, který přijal ta zaslíbení, obětoval jediného syna, o kterém bylo řečeno: ‚Z Izáka bude povoláno tvé símě.‘ Usoudil, že Bůh je mocen křísit i z mrtvých. Proto ho dostal zpět jako předobraz" (Židům 11:17-19).

Abraham svázal svého syna Izáka a položil ho na oltář. Pak vztáhl ruku a vzal nůž, aby zabil svého syna. V té chvíli se objevil Boží anděl a řekl: „Nevztahuj ruku na chlapce a nic mu nedělej, protože teď jsem poznal, že jsi bohabojný a že jsi mi neodepřel svého syna, svého jediného" (Genesis 22:12). Touto zkouškou Bůh uznal Abrahamovu dokonalou víru a Abraham se osvědčil jako ten, kdo má předpoklady stát se Otcem víry.

Tříbení opravdového srdce a plnosti víry

V mém životě byla doba, kdy jsem neměl žádnou naději a pouze jsem čekal na smrt. Má sestra mě však vzala do církve a když jsem v modlitebně poklekl, byl jsem díky Boží moci uzdraven ze všech svých nemocí. Byla to odpověď na modlitby a půst mé sestry za mě.

Protože jsem od Boha obdržel tak úžasnou lásku a milost, chtěl jsem se o něm dozvědět co nejvíce. Navštívil jsem kromě všemožných typů bohoslužeb i mnoho probuzeneckých setkání, abych se co nejvíce dozvěděl z Božího slova. Ačkoli jsem dělal fyzicky náročnou práci na staveništi, chodil jsem každý den na ranní modlitební setkání. Chtěl jsem slyšet Boží slovo a poznat jeho vůli co nejlépe.

Když pastoři vyučovali Boží vůli, prostě jsem poslechl. Slyšel jsem, že není dobré, aby Boží dítě kouřilo a pilo alkohol, tak jsem hned skoncoval s kouřením i pitím. Protože jsem slyšel, že máme Bohu dávat desátky a dary, nikdy jsem až tohoto dne nepropásl možnost Bohu dávat.

S tím, jak jsem četl Bibli, dělal jsem, co mi Bůh řekl, abych dělal, a dodržoval jsem, co mi Bůh řekl, abych dodržoval. Naopak jsem nedělal, co Bible říká, abych nedělal. Modlil jsem se a dokonce i postil za to, abych se zbavil věcí, o kterých Bible říká, abychom se jich zbavili. Když nebylo snadné se jich zbavit, postil jsem se. Bůh vzal v úvahu mé úsilí splatit Boží milost a dal mi vzácnou víru.

Moje víra v Boha byla den ode dne pevnější. Nikdy jsem o Bohu nepochyboval v žádné zkoušce ani v žádných těžkostech. V důsledku poslušnosti Božího slova se moje srdce měnilo v opravdové srdce, které v sobě nemá klam. Měnilo se v dobré a čisté srdce, aby se více podobalo srdci Pána.

Jak se říká v 1. listu Janově 3:21: „Milovaní, jestliže nás srdce neodsuzuje, máme radostnou důvěru k Bohu", o cokoli jsem Boha s důvěrou požádal, dostal jsem odpověď.

Zkoušky víry

Mezitím, v únoru 1983, 7 měsíců od založení naší církve, přišla veliká zkouška mé víry. Mé tři dcery a jeden mladý muž byli jedno brzké sobotní ráno nalezeni otráveni oxidem uhelnatým. Bylo to hned po páteční celonoční bohoslužbě. Nezdálo se možné, aby přežili, protože vdechovali plyn téměř celou noc.

Jejich oční bulvy byly převrácené a v ústech měli pěnu. Jejich těla v sobě neměla žádnou sílu a klátila se. Nechal jsem členy církve, aby je položili na podlahu modlitebny, vešel jsem k oltáři a přednesl Bohu modlitbu díků.

„Bože Otče, děkuji ti. Ty jsi mi mé dcery dal i vzal. Děkuji ti za to, že jsi je vzal do lůna Páně. Děkuji ti Bože za to, že jsi je vzal do svého království, kde není žal, křik ani bolest."

„Protože je ale mladík člen této církve, prosím tě, abys ho oživil. Nechci, aby tato nehoda zneuctila tvé jméno..."

Potom, co jsem se takto modlil k Bohu, modlil jsem se nejprve za mladíka a potom za své tři dcery jednu po druhé. Ani ne pár minut potom, co jsem se za ně pomodlil, se všichni čtyři postavili při plném vědomí v pořadí, v jakém jsem se za ně modlil.

Protože jsem naplno důvěřoval Bohu a miloval ho, předložil jsem mu modlitbu díků, aniž bych ve svém srdci choval zášť nebo žal, a Bůh byl dotčen touto modlitbou a udělal veliký zázrak. Členové naší církve mohli díky této nehodě získat větší víru.

Moji víru Bůh také více uznal a dostal jsem od Boha ještě větší moc. Poznal jsem, jak vyhnat jedovatý plyn, třebaže to není živý organismus.

Když přijde zkouška víry, tak pokud projevíme neměnnou víru v Boha, Bůh naši víru uzná a odmění nás požehnáním. Ani nepřítel ďábel a satan nás už nemůže obvinit, protože viděl, že naše víra je opravdová víra.

Od této chvíle jsem dokázal překonávat všechny zkoušky, vždy blíže Bohu s upřímným srdcem a dokonalou vírou. Pokaždé jsem při tom obdržel větší moc shůry. S Boží mocí, kterou jsem tímto způsobem získal, mi Bůh umožnil pořádat od roku 2000 sjednocené zahraniční kampaně.

Když jsem v roce 1982 držel před založením církve čtyřicetidenní půst, Bůh tuto moji oběť radostně přijal a svěřil mi poslání světové evangelizace a vystavění velké svatyně. I po pěti nebo deseti letech jsem neviděl žádný způsob, jak tato poslání naplnit. Přesto jsem stále věřil, že je Bůh naplní a neustále jsem se za tato poslání modlil.

Během příštích 17ti let od založení církve nám Bůh žehnal do té míry, že jsme mohli uskutečnit světovou evangelizaci díky obrovským zahraničním kampaním, na kterých se projevovala úžasná Boží moc. Počínaje Ugandou jsme uspořádali kampaně v Japonsku, Pákistánu, Keni, na Filipínech, v Indii, Dubaji, Rusku, Německu, Peru, v Demokratické republice Kongo, Spojených státech a dokonce i v Izraeli, kde je šíření evangelia prakticky nemožné. A odehrály se tam úžasné skutky uzdravení. Mnoho lidí konvertovalo od hinduismu a islámu. Vzdali jsme Bohu velikou slávu.

Když nadešel čas, Bůh nám požehnal a my jsme mohli vydat mnoho knih v nejrůznějších jazycích, abychom jejich prostřednictvím šířili evangelium. Bůh nám také požehnal v založení křesťanské televizní stanice nazvané Global Christian Network (GCN) a sítě křesťanských lékařů, World Christian Doctors Network (WCDN), to všechno, abychom šířili skutky Boží moci, která se projevovala v naší církvi.

Kampaň v Pákistánu

Bylo mnoho příležitostí, kdy jsme na kampaních v zahraničí s vírou zvítězili, ale já bych se rád zmínil o kampani v Pákistánu, která se konala v říjnu 2000.

V den kampaně se měla konat konference služebníků. Ačkoli jsme měli konferenci schválenou přímo od vlády, bylo ráno, když jsme dorazili, místo určené ke konferenci uzavřené. Většina populace v Pákistánu jsou muslimové. Existovala tedy možnost teroristické hrozby namířené vůči našemu křesťanskému setkání. Protože mělo naše setkání v médiích dostatečnou publicitu, muslimové se snažili naši kampaň narušit.

To je důvod, proč vláda změnila tak náhle svůj postoj, zrušila povolení používat místo konání a lidem, kteří přicházeli na konferenci, zatarasila cestu. Nicméně mě to neznepokojilo ani nepřekvapilo. Protože se to však dotklo mého srdce, řekl jsem: „Konference začne dnes nejpozději v poledne.“ Vyznal jsem svou víru, zatímco ozbrojení policisté blokovali vrata a zdálo se, že neexistuje šance, aby vládní úředníci změnili svůj názor.

Bůh předvídal, že se věci budou ubírat tímto směrem a připravil si k tomu ministra kultury a sportu pákistánské vlády, který dokázal náš problém vyřešit. Byl zrovna obchodně v Lahauru a zatímco se chystal na letiště, aby se vrátil do Islamábádu, doslechl se o naší situaci a zavolal na policejní oddělení a některým státním vládním úředníkům, takže se setkání mohlo nakonec konat. Dokonce pozdržel svůj odlet, aby mohl osobně přijít a navštívit místo, kde se konference konala.

Díky úžasnému Božímu působení se vrata otevřela a mnoho lidí spěchalo s výkřiky radosti vesele dovnitř. Objímali jeden druhého a po tvářích jim tekly slzy, které vyjadřovaly jejich emoce a radost. Při tom všem vzdávali slávu Bohu. A to se stalo přesně v poledne!

Následující den se na kampani konaly úžasné skutky Boží moci vprostřed největšího počtu lidí v křesťanské historii Pákistánu. Také to otevřelo dveře pro práci misionářů na Středním východě. Od této chvíle jsme vzdávali slávu Bohu v každé zemi, kde jsme pořádali kampaň, a zakoušeli nejmocnější Boží skutky vprostřed velikých zástupů lidí.

Zrovna jako můžeme otevřít jakékoli dveře, když máme klíče od domu, tak pokud máme dokonalou víru, můžeme přivést Boží moc tváří v tvář nejnemožnějším situacím. Potom lze v momentě vyřešit všechny problémy.

Navíc, třebaže převládnou nehody, přírodní katastrofy nebo nakažlivé nemoci, Bůh nás ochrání, jestliže se k němu přiblížíme s upřímným srdcem a dokonalou vírou. Také, pokusí-li se vás sestřelit svými intrikami mocní nebo zlí lidé, tak pokud máte opravdové srdce a dokonalou víru, dokážete vzdát slávu Bohu jako Daniel, kterého Bůh ochránil ve lví jámě.

První část knihy 2 Paralipomenon 16:9 říká: „Vždyť Hospodinovy oči obzírají celou zemi, aby posílil srdce těch, kteří jsou cele s ním." I Boží děti budou ve svých životech čelit mnoha malým i velkým problémům. V těch chvílích od nich Bůh očekává, že na něho budou spoléhat a modlit se s dokonalou vírou.

Ti, kdo přicházejí před Boha s pravdivým srdcem, budou činit důkladné pokání ze svých hříchů, dokud nebudou jejich hříchy odhaleny. Jakmile jim budou odpuštěny hříchy, získají jistotu a budou se moci přiblížit Bohu s plností víry (Židům 10:22). Ve jménu Pána Ježíše Krista se modlím, abyste porozuměli tomuto principu a přiblížili se Bohu s opravdovým srdcem a dokonalou vírou a dostali odpovědi na cokoli, oč v modlitbách požádáte.

Třetí nebe a prostor
třetí dimenze

Třetí nebe je tam, kde se nachází nebeské království.

Prostor, který má vlastnosti třetího nebe, se nazývá „prostor třetí dimenze".

Když je v létě horko a vlhko, říkáme, že je jako v tropech.

To neznamená, že se horký a vlhký vzduch z tropické oblasti opravdu přesunul na místo, kde jsme.

Jde jen o to, že počasí tady má podobné vlastnosti jako počasí v tropických oblastech.

Stejně tak, třebaže se věci ze třetího nebe uskuteční v prvním nebi (na fyzickém místě, kde žijeme), neznamená to, že konkrétní část prostoru třetího nebe vešla do prvního nebe.

Samozřejmě, že když nebeské zástupy, andělé nebo proroci cestují do prvního nebe, otevřou se brány, které spojují třetí a první nebe.

Zrovna jako astronauti musejí být při procházce po měsíci nebo ve vesmíru ve skafandru, tak když bytosti ze třetího nebe sestoupí do prvního nebe, musejí „na sebe obléknout" prostor třetí dimenze.

Někteří patriarchové v Bibli rovněž zakusili prostor třetího nebe. Obvykle to byly okamžiky, kdy se jim zjevili andělé a pomohli jim.

Petr a Pavel osvobozeni ze žaláře

Skutky 12:7-10 uvádí: „A hle, Pánův anděl se u něho postavil a v cele zazářilo světlo. Udeřil Petra do boku, vzbudil ho a řekl: ‚Rychle vstaň!'

 A řetězy mu spadly s rukou. A anděl mu řekl: ‚Opásej se a obuj si sandály.' On tak učinil. I říká mu : ‚Obleč si plášť a pojď za mnou.' Vyšel a šel za ním, ale nevěděl, že to, co se skrze anděla děje, je skutečné; myslel si, že má vidění. Prošli přes první i druhou stráž, přišli k železné bráně, která vedla do města; ta se jim sama od sebe otevřela. I vyšli, prošli jednou ulicí a náhle od něho anděl odstoupil."

Skutky 16:25-26 uvádí: „Kolem půlnoci se Pavel a Silas modlili a zpěvem oslavovali Boha a ostatní vězňové je poslouchali. Náhle nastalo veliké zemětřesení, takže se otřásly základy vězení. Rázem se otevřely všechny dveře a všem se uvolnila pouta."

Toto byly události, kdy byli Petr a apoštol Pavel vsazeni do žaláře, aniž by se čehokoli dopustili, a to jenom proto, že zvěstovali evangelium. Byli pronásledováni, zatímco kázali evangelium, ale vůbec si nestěžovali. Raději oslavovali Boha a radovali se ze skutečnosti, že mohli trpět pro Pánovo jméno. Protože jejich srdce byla správná podle spravedlnosti třetího nebe, Bůh jim seslal anděly, aby je osvobodili. Pevné klády ani železné brány nebyly pro anděly žádný problém.

Daniel přežil ve lví jámě

Když byl Daniel nejvyšším správcem perské říše, někteří z těch, kteří na něho žárlili, si naplánovali zničit ho. Nakonec byl vhozen do lví jámy. Avšak Daniel 6:23 říká: „Můj Bůh poslal svého anděla a lvům zavřel ústa, takže mě nezranili, poněvadž jsem byl před ním shledán nevinným a také vůči tobě, králi, jsem nic špatného neprovedl." „Bůh poslal svého anděla a lvům zavřel ústa" tady znamená, že je přikryl prostor třetího nebe.

V nebeském království ve třetím nebi jsou zvířata, která jsou jinak na zemi divoká, například jako lvi, velmi krotká. A tak, když je přikryl prostor třetího nebe, skuteční lvi na této zemi také zkrotli. Když se však prostor zvedne zpátky, vrátí se zvířata zpět ke své divoké přirozenosti. Daniel 6:25 uvádí: „Král pak rozkázal, aby přivedli ty muže, kteří se tak pouštěli do Daniela, a do lvího doupěte uvrhli je i jejich syny a jejich ženy. Ještě nedopadli na dno doupěte, a už se jich zmocnili lvi a rozdrtili jim všechny kosti."

Bůh Daniela ochránil, protože Daniel vůbec nehřešil. Zlí lidé se pokoušeli najít důvody, aby ho obvinili, ale nic nenašli. Také se modlil, i když tím ohrozil svůj život. Všechny jeho skutky byly správné podle spravedlnosti třetí dimenze a z toho důvodu prostor třetí dimenze pokryl lví jámu a Danielovi nebyl zkřiven jediný vlas.

Za koho mě pokládáte vy?

❝

Ty jsi Mesiáš, Syn živého Boha."
Pokud učiníte vyznání víry
z hloubi svého srdce,
budou ho následovat vaše skutky.
Bůh žehná těm, kdo učiní takové vyznání.

❞

Řekl jim: „A za koho mě pokládáte vy?" Šimon Petr odpověděl: „Ty jsi Mesiáš, Syn živého Boha." Ježíš mu na to řekl: „Blahoslavený jsi, Šimone Bar-Jona, protože ti to nezjevilo tělo a krev, ale můj Otec, který je v nebesích. A já ti pravím, že ty jsi Petr, a na té skále vybuduji svou církev a brány podsvětí ji nepřemohou. A tobě dám klíče království Nebes, a cokoli svážeš na zemi, bude již svázáno v nebesích, a cokoli rozvážeš na zemi, bude již rozvázáno v nebesích."

(Matouš 16:15-19)

Některé manželské páry za celý svůj život v manželství jen zřídka řeknou: „Miluji tě." Když se jich zeptáte, řeknou, že je důležité, co cítí v srdci, proto to není nutné neustále opakovat. Samozřejmě, že srdce je důležitější než pouhé vyznání ústy.

Pokud nemilujeme z celého srdce, nezáleží na tom, kolikrát řekneme: „Miluji tě," slova jsou pak k ničemu. Nebylo by však lepší, kdybychom vyznali, co máme ve svém srdci? V duchovním slova smyslu je to to stejné.

Důležitost vyznání ústy

Římanům 10:10 říká: „Srdcem se věří k spravedlnosti a ústy se vyznává k záchraně."

Samozřejmě, že to, co tento verš zdůrazňuje, je věřit srdcem. Nemůžeme být spaseni jen prostým vyznáním našich rtů: „Já věřím," ale tím, že uvěříme srdcem. Nicméně se tu přesto říká, že musíme vyznat svými ústy, čemu věříme ve svém srdci. Proč?

Vypovídá nám to o důležitosti činů, které následují vyznání úst. Ti, kdo vyznávají, že věří, ale činí tak pouze svými ústy, aniž by měli víru ve svém srdci, nemohou projevit důkaz své víry, což jsou jejich činy nebo skutky víry.

Avšak ti, kdo skutečně věří srdcem a vyznávají to svými ústy, projevují důkaz své víry svými činy. Dělají tedy, co Bůh říká, aby dělali, nedělají, co Bůh říká, aby nedělali, dodržují, co Bůh říká, aby dodržovali a zbavují se toho, čeho Bůh říká, aby se zbavovali.

To je důvod, proč Jakubův list 2:22 říká: „Vidíš, že víra působila spolu s jeho skutky a že v těch skutcích se stala víra dokonalou." Matouš 7:21 rovněž uvádí: „Ne každý, kdo mi říká: ‚Pane, Pane,' vejde do království Nebes, ale ten, kdo činí vůli mého Otce, který je v nebesích." Ukazuje se zde tedy, že můžeme být spaseni pouze, když následujeme Boží vůli.

Pokud učiníte vyznání víry, které přichází ze srdce, budou ho doprovázet skutky. Potom Bůh vezme v úvahu tuto pravou víru, odpoví vám na modlitby a povede vás na cestu spasení. V Matoušovi 16:15-19 vidíme, že se Petrovi dostalo velikého požehnání prostřednictvím jeho vyznání víry, které vyšlo z hloubi jeho srdce.

Ježíš se ptal učedníků: „Za koho mě pokládáte vy?" Petr odpověděl: „Ty jsi Mesiáš, Syn živého Boha." Jak mohl učinit tak úžasné vyznání víry?

Ve 14. kapitole Matouše čteme o situaci, kdy Petr učinil významné vyznání víry. Jde o moment, kdy Petr kráčel po vodě. Aby člověk kráčel po vodě, nedává z lidského hlediska žádný smysl. To, že Ježíš kráčel po vodě, je samo o sobě úžasné, proto upoutává naši pozornost i to, když Petr kráčel po vodě.

Petr kráčí po vodě

V té chvíli se Ježíš sám modlil v horách a uprostřed noci se přiblížil ke svým učedníkům, kteří byli na lodi bičováni vlnami. Učedníci se domnívali, že vidí ducha. Jen si představte, že se k vám v tmavé noci uprostřed moře přibližuje nějaká bytost! Učedníci křičeli strachy.

Ježíš řekl: „Vzchopte se, já jsem to, nebojte se!" A Petr

odpověděl: „Pane, jsi-li to ty, poruč mi, ať přijdu k tobě po vodě!"
Ježíš řekl: „Pojď!" a Petr nato vystoupil z lodi, kráčel po vodě a
blížil se k Ježíšovi.

Petr kráčel po vodě, ale nebylo to proto, že by jeho víra byla
dokonalá. To můžeme usoudit ze skutečnosti, že dostal strach
a začal se potápět, když ucítil silný vítr. Ježíš hned vztáhl ruku,
zachytil ho a řekl mu: „Malověrný, proč jsi zapochyboval?"
Pokud to tedy nebylo kvůli jeho dokonalé víře, jak je možné, že
mohl kráčet po vodě?

Ačkoli to nebylo díky jeho vlastní víře, věřil ve svém srdci
Ježíši, Božímu Synu, a uznával ho, takže mohl v té chvíli kráčet
po vodě. Tady si musíme uvědomit něco velmi významného: je
důležité vyznat svými ústy, když věříme v Pána a uznáváme ho.

Dříve, než Petr kráčel po vodě, vyznal: „Pane, jsi-li to ty,
poruč mi, ať přijdu k tobě po vodě!" Samozřejmě nemůžeme
říct, že toto vyznání je dokonalé. Kdyby Petr věřil v Pána ve svém
srdci na 100 %, vyznal by: „Pane, ty můžeš všechno. Řekni a já k
tobě přijdu po vodě."

Protože však Petr neměl dostatek víry, aby učinil dokonalé
vyznání z hloubi svého srdce, řekl: „Pane, jsi-li to ty." Nějakým
způsobem žádal potvrzení. Přesto se Petr tím, co řekl, lišil od
ostatních učedníků na lodi.

Učinil vyznání své víry, jakmile poznal Ježíše, zatímco ostatní
učedníci křičeli strachy. Když Petr uvěřil, uznal Ježíše a vyznal
ho jako Pána z hloubi svého srdce, mohl zažít tak zázračnou věc,
jakou by nedokázal ze své vlastní víry a moci – chodit po vodě.

Petr získává klíče od nebeského království

Skrze výše uvedenou zkušenost Petr nakonec učinil dokonalé vyznání své víry. V Matoušovi 16:16 Petr řekl: „Ty jsi Mesiáš, Syn živého Boha." Toto bylo jiné vyznání než to, které učinil ve chvíli, kdy kráčel po vodě. Během Ježíšovy služby v něho ne každý uvěřil a uznával ho jako Mesiáše. Někteří lidé mu záviděli a snažili se ho zabít.

Existovali dokonce i takoví, kteří ho soudili a odsuzovali falešnými pomluvami jako „Pomátl se", „Má Belzebuba" nebo „V moci vládce démonů vyhání démony!"

Přesto se v Matoušovi 16:13 Ježíš ptá svých učedníků: „Za koho lidé pokládají Syna člověka?" Odpověděli: „Ti za Jana Křtitele, jiní za Eliáše, jiní za Jeremjáše nebo za jednoho z proroků." O Ježíšovi také kolovaly špatné zvěsti, ale učedníci je nezmínili, mluvili pouze o dobrých věcech, aby Ježíše povzbudili.

Nyní se jich Ježíš znovu zeptal: „Za koho mě pokládáte vy?" První, kdo na tuto otázku odpověděl, byl Petr. V Matoušovi 16:16 řekl: „Ty jsi Mesiáš, Syn živého Boha." V následujících verších čteme, že Ježíš Petrovi požehnal.

„Blahoslavený jsi, Šimone Bar-Jona, protože ti to nezjevilo tělo a krev, ale můj Otec, který je v nebesích" (Matouš 16:17).

„A já ti pravím, že ty jsi Petr, a na té skále vybuduji svou církev a brány podsvětí ji nepřemohou. A tobě dám klíče království Nebes, a cokoli svážeš na zemi, bude již svázáno v nebesích, a cokoli rozvážeš na zemi, bude již rozvázáno v nebesích" (Matouš 16:18-19).

Petr získal požehnání a stal se základem církve a autoritou, skrze kterou se odehrávaly věci z duchovního prostoru v tomto fyzickém prostoru. Později se skrze Petra odehrály četné zázračné věci; chromí začali chodit, mrtví byli oživeni a tisíce lidí činilo pokání současně.

Také, když Petr proklel Ananiáše a Safiru, kteří lhali Duchu svatému, ihned padli a zemřeli (Skutky 5:1-11). Všechny tyto věci byly možné jen proto, že apoštol Petr měl autoritu, takže cokoli svázal na zemi, bude svázáno v nebi, a cokoli rozvázal na zemi, bude rozvázáno v nebi.

Důvod, proč Petr obdržel úžasné požehnání

Co bylo důvodem pro to, že Petr obdržel tak úžasné požehnání? Zatímco pobýval blízko Ježíše jako jeho učedník, viděl nesčetné skutky moci, které se projevovaly skrze Ježíše. Věci, které nebyly z lidského hlediska možné, se uskutečnily právě skrze Ježíše. Věci, které se nedaly vyučovat z lidské moudrosti, prohlašovala Ježíšova ústa. Co by tedy udělali ti, kdo opravdově věří v Boha a mají ve svém srdci dobro? Nepoznali by ho a nepomysleli by si: „Toto není jen obyčejný člověk, ale Boží Syn, který sestoupil z nebe"?

Avšak, i když tohoto Ježíše viděli, mnoho lidí ho v té době

nepoznalo. Obzvláště velekněží, kněží, farizeové, zákoníci a jiní vůdci ho nechtěli uznat.

Někteří mu spíše záviděli, žárlili na něho a snažili se ho zabít. Další ho zase ve svých vlastních myšlenkách soudili a odsuzovali. Ježíš s těmito lidmi soucítil a v Janovi 10:25-26 jim řekl: „Řekl jsem vám to, a nevěříte. Skutky, které já činím ve jménu svého Otce, ty o mně svědčí. Ale vy nevěříte, protože nejste z mých ovcí.“

I v dobách Ježíše ho mnoho lidí soudilo a odsuzovalo a snažili se ho zabít. Nicméně, jeho učedníci, kteří ho neustále pozorovali, byli jiní. Samozřejmě, že ne všichni učedníci věřili a vyznávali Ježíše jako Božího Syna a Krista hluboko ve svém srdci. Ale věřili a uznávali ho.

Petr řekl Ježíšovi: „Ty jsi Mesiáš, Syn živého Boha,“ a to nebylo něco, co by od někoho slyšel nebo si to uvědomoval ve svých myšlenkách. Rozuměl tomu, protože viděl Boží skutky, které Ježíše provázely, a protože Bůh dal, aby si to uvědomil.

Pokud věříte v Ježíše jako svého Spasitele, uskutečňujte Slovo

Někteří lidé svými ústy vyznávají: „Já věřím,“ a to jen proto, že jim jiní lidé řeknou, že pokud uvěří v Ježíše, budou spaseni, a jestliže budou chodit do církve, mohou být uzdraveni a získat požehnání. Samozřejmě, že když přijdete poprvé do církve, je pravděpodobné, že nepřicházíte do církve, protože víte dost a věříte dostatečně. Když ale lidé uslyší, že pokud budou chodit do církve, Bůh jim požehná a budou spaseni, si mnoho z nich pomyslí: „Proč to nezkusit?"

Nezáleží však na tom, z jakého důvodu jste přišli do církve, potom, co uvidíte zázračné Boží skutky, neměli byste už nikdy zůstat stejní jako dřív. Snažím se říct, že byste neměli vyznávat svými ústy, že věříte, když nemáte žádnou víru, ale měli byste přijmout Ježíše Krista jako svého osobního Spasitele a zprostředkovat Ježíše Krista ostatním svými skutky.

Pokud jde o mě, žil jsem od chvíle, kdy jsem se setkal s živým Bohem a přijal Ježíše Krista jako svého osobního Spasitele, zcela jiný život. Věřil jsem v Boha a Ježíše Krista jako svého osobního Spasitele ve svém srdci na 100 %.

Vždy jsem uznával Pána ve svém životě a řídil se Božím slovem. Netrval jsem na svých vlastních myšlenkách, teoriích nebo názorech, ale pouze jsem ve všem spoléhal na Boha samotného. Jak se říká v Přísloví 3:6: „Poznávej ho na všech svých cestách, a on napřímí tvé stezky," tak protože jsem poznával Boha ve všem, Bůh mě vedl na všech mých cestách.

Potom se mi začalo dostávat úžasného požehnání podobného tomu, co dostal Petr. Jak řekl Ježíš Petrovi: „...cokoli svážeš na zemi, bude již svázáno v nebesích, a cokoli rozvážeš na zemi, bude již rozvázáno v nebesích." Bůh odpověděl na všechno, na co jsem věřil, že může odpovědět a požádal ho o to.

Uznával jsem Boha a zbavil se veškerého zla podle Božího slova. Když jsem dosáhl úrovně posvěcení, Bůh mi dal svou moc. Když jsem vkládal ruce na nemocné, nemoci je opouštěly a oni byli uzdraveni. Když jsem se modlil za ty, kteří měli rodinné problémy nebo potíže v podnikání, jejich problémy se vyřešily. Protože jsem ve všem uznával Boha, vyznával svou víru a líbil se mu tím, jak jsem uskutečňoval jeho Slovo, odpověděl na všechny touhy mého srdce a hojně mi žehnal.

Přicházet před Ježíše a dostávat odpovědi

V Bibli můžeme vidět, že mnoho lidí přišlo před Ježíše a bylo uzdraveno ze svých nemocí a postižení nebo se vyřešily jejich problémy. Byli mezi nimi pohané, ale většinou se jednalo o Židy, kteří věřili v Boha po celé generace.

Nicméně, třebaže věřili v Boha, nedokázali své problémy vyřešit sami ani nedostali odpovědi na své modlitby díky své vlastní víře. Byli uzdraveni z nemocí a tělesných postižení a jejich problémy se vyřešily, až když přišli před Ježíše. To proto, že věřili v Ježíše, uznávali ho a projevovali to svými skutky.

Důvod, proč se tolik lidí snažilo dostat k Ježíšovi a dotknout se třeba jen jeho oděvu, byla jejich víra v to, že Ježíš není obyčejný člověk a jejich problémy se vyřeší ve chvíli, kdy před něj předstoupí, a to bez ohledu na to, zda je jejich víra dokonalá. Nemohli dostat odpovědi na své problémy díky své vlastní víře, přesto mohli dostat odpovědi, když uvěřili v Ježíše, uznávali ho a předstoupili před něho.

Jak je to s vámi? Pokud věříte v Ježíše Krista a řeknete: „Ty jsi Mesiáš, Syn živého Boha," potom vám Bůh odpoví, protože se podívá do vašeho srdce. Samozřejmě, že vyznání víry těch, kdo chodí do církve už nějakou dobu, by se mělo lišit od vyznání nových věřících. To proto, že Bůh vyžaduje odlišné vyznání ústy od různých lidí podle víry každého z nich. Zrovna jako se liší vědomosti čtyřletého dítěte a mladého člověka, musí se lišit i vyznání ústy.

Tyto věci si však nedokážete uvědomit sami nebo si je uvědomit po tom, co u nich uslyšíte od někoho jiného. Duch svatý ve vás vám musí dát poznání a vy musíte vyznat svou víru inspirováni Duchem svatým.

Získání odpovědí skrze vyznání ústy

V Bibli existuje mnoho lidí, kteří dostali odpovědi díky tomu, že vyznali svou víru. Když v 18. kapitole Lukášova evangelia slepec uvěřil a uznal Pána, předstoupil před něho a vyznal: „Pane, ať vidím!" (v. 41) Ježíš na to odpověděl: „Prohlédni! Tvá víra tě uzdravila" (v. 42) a on hned prohlédl.

Když uvěřili, poznali Ježíše, předstoupili před něho a vyznali svou víru, Ježíš promluvil hlasem stvoření a přišla odpověď. Ježíš má stejnou moc jako všemohoucí a vševědoucí Bůh. Pokud se Ježíš o něčem rozhodne ve své mysli, jakákoli nemoc nebo postižení bude uzdraveno a vyřeší se dokonce i ty nejsložitější problémy.

To však neznamená, že vyřešil problémy každého člověka a odpověděl na modlitbu každého člověka. Z hlediska spravedlnosti není správné modlit se za ty a žehnat těm, kteří v něho neuvěřili, nepoznali ho nebo se o něj nezajímali.

Podobně, třebaže Petr uvěřil a uznal Pána ve svém srdci, tak kdyby to nevyznal svými ústy, požehnal by Ježíš Petrovi těmito úžasnými slovy? Ježíš mohl dát Petrovi příslib požehnání, aniž by porušil spravedlnost, protože Petr věřil v Ježíše, uznával ho ve svém srdci a vyznal to svými ústy.

Pokud byste se rádi podíleli na službě působení Ducha svatého, jako to dělal Petr pro Ježíše, měli byste učinit vyznání ústy, které vychází z hloubi vašeho srdce. Mám naději, že prostřednictvím takového vyznání ústy vyplývajícího z inspirace Duchem svatým budete rychle dostávat i odpovědi na touhy vašeho srdce.

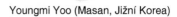

Youngmi Yoo (Masan, Jižní Korea)

Nezvaná a neznámá nemoc,
která ke mně jednoho dne zavítala

Uprostřed ledna roku 2005 jsem náhle začal hůř vidět na levé oko a celkově mi zeslábl zrak na obou očích. Předměty vypadaly matně nebo jsem je téměř neviděl. Mnoho předmětů vypadalo žlutě a rovné linie se zdály křivé a vlnily se. A co hůř, začal jsem zvracet a točila se mi hlava.

Lékař mi řekl: „Jedná se o syndrom Vogt-Koyanagi-Harada. Předměty vypadají beztvaré, protože v očích máte zduřeniny." Řekl, že příčina nemoci zatím není známa a není snadné oči uzdravit ani podáváním léků. Pokud se tumory zvětší, pokryjí oční nervy a to způsobí ztrátu zraku. Začal jsem se modlitbách ohlížet zpět na sebe. Pocítil vděčnost a přestal jsem být domýšlivý jako dříve, když jsem tento problém ještě neměl.

Potom, díky modlitbě dr. Jaerocka Lee ve vysílání a s šátkem, na kterém se modlil, moje závratě a nevolnosti zmizely. „Mrtvé zrakové

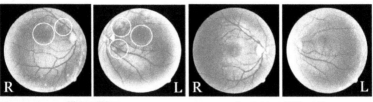

Před modlitbou   Tumory po modlitbě zmizely

nervy, ožijte! Přijď světlo!"

Později už jsem seděl a dokonalým zrakem sledoval páteční celonoční bohoslužbu v televizi. Titulky jsem viděl velmi ostře. Dokázal jsem se soustředit na to, na co jsem se díval, a předměty už jsem neviděl matně. Barvy všech předmětů, na které jsem pohlédl, byly jasné. Vůbec nic nevypadalo žlutě. Haleluja!

14. února jsem šel na nové vyšetření přesvědčit se o svém uzdravení a chválit Boha. Lékař ze sebe vypravil: „Úžasné! Vaše oči jsou zase normální." Lékař velmi dobře věděl o vážném stavu mých očí a byl velmi překvapený, že jsou zase v normálním stavu. Po bedlivém vyšetření potvrdil, že tumory zmizely a otok odešel. Ptal se mě, zda jsem se léčil v nějaké jiné nemocnici. Dal jsem mu jasnou odpověď: „Ne. Jenom se za mě modlil Rev. Dr. Lee a Boží moc mě uzdravila."

Můj zrak býval před modlitbou 0,8/0,25, ale po modlitbě se zlepšil

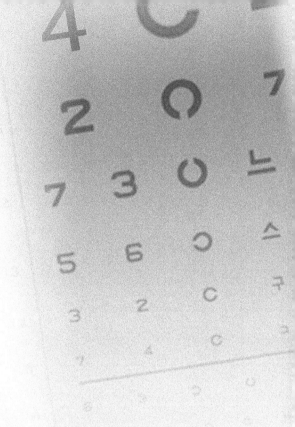

na 1,0/1,0. Nyní je můj zrak 1,2 na obou očích.

- Výňatek z knihy Mimořádné věci -

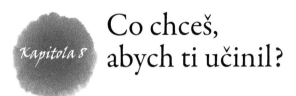

Co chceš, abych ti učinil?

Kapitola 8

66

Když Ježíš řekl:
„Co chceš, abych ti učinil?"
promluvil hlasem stvoření.

99

Odpověď skrze hlas stvoření

Důvěřujte Ježíšovi z hloubi svého srdce

Když Boha žádáte, volejte k němu

Dokonalá víra, kterou nic nezachvěje

Odhoďte svůj plášť

Bůh slyší vyznání víry

„Co chceš, abych ti učinil?“
On řekl: „Pane, ať vidím!“

(Lukáš 18:41)

I ti, kdo přijdou do církve poprvé, mohou od Boha dostat odpověď na jakýkoli problém, pokud mu důvěřují ve svém nitru. To protože Bůh je náš dobrý Otec, který chce svým dětem dávat dobré věci, jak je napsáno v Matoušovi 7:11: „Jestliže tedy vy, ač jste zlí, umíte svým dětem dávat dobré dary, čím spíše dá dobré věci těm, kteří ho žádají, váš Otec, který je v nebesích!"

Důvod, proč Bůh stanovil podmínky, abychom dostali odpověď v jeho spravedlnosti, je ten, aby jeho milované děti mohly dostat hojné požehnání. Bůh nestanovil podmínky, aby řekl: „Nemůžu ti to dát, protože nesplňuješ podmínky."

Učí nás způsoby, jak získat odpověď na touhy našeho srdce, finanční problémy, rodinné problémy nebo zdravotní problémy. Abychom mohli získat takové odpovědi v Boží spravedlnosti, jsou nejdůležitější naše víra a poslušnost.

Odpověď skrze hlas stvoření

V 18. kapitole Lukášova evangelia čteme o slepci, který dostal svou odpověď, když Ježíš promluvil hlasem stvoření. Zatímco žebral u cesty, slyšel, že kolem kráčí Ježíš. Nahlas tedy zavolal: „Ježíši, synu Davidův, smiluj se nade mnou!" Ti, kteří šli napřed, mu přísně domlouvali, aby zmlkl. On však o to víc křičel: „Synu Davidův, smiluj se nade mnou."

Ježíš se zastavil a rozkázal, aby ho k němu přivedli. Pak se ho zeptal: „Co chceš, abych ti učinil?" On řekl: „Pane, ať vidím!" A

Ježíš mu řekl: „Prohlédni! Tvá víra tě uzdravila." Jakmile to Ježíš řekl, začaly se dít neobyčejné věci. Ihned získal zpět svůj zrak. A všechen lid, který to viděl, vzdal Bohu chválu.

Když Ježíš řekl: „Co chceš, abych ti učinil?" promluvil hlasem stvoření. Když slepý muž řekl: „Pane, ať vidím!" a Pán řekl: „... Tvá víra tě uzdravila," byl to znovu hlas stvoření.

„Hlas stvoření" je hlas Boha, kterým promluvil, když stvořil nebesa a zemi a všechny věci na nich svým slovem. Tento slepec mohl získat zrak, když Ježíš promluvil hlasem stvoření, protože splňoval podmínky pro získání odpovědi. Pojďme teď dopodrobna prozkoumat, proč tento slepec dostal svou odpověď.

Důvěřujte Ježíšovi z hloubi svého srdce

Ježíš chodil do vesnic a měst, šířil evangelium nebeského království a potvrzoval svá slova znameními a zázraky, které následovaly. Postižení začali chodit, malomocní byli uzdraveni a ti, kdo měli poruchu zraku nebo sluchu, začali vidět a slyšet. Němí začali mluvit a z těch, které sužovali démoni, byli tito démoni vyhnáni. Protože se zprávy o Ježíšovi šířily široko daleko, tak se okolo Ježíše, kamkoli šel, tvořil zástup lidí.

Jednoho dne přišel Ježíš do Jericha. Jako obvykle se kolem něho shromáždila spousta lidí a následovali ho. V té chvíli nějaký slepec seděl u cesty a žebral, když tu uslyšel, že jde okolo zástup. Vyptával se tedy lidí, co se to děje. Někdo mu řekl: „Jde tudy Ježíš

Nazaretský." Tu slepec bez zaváhání zvolal: „Ježíši, synu Davidův, smiluj se nade mnou!"

Důvod, proč takhle volal, byl ten, že s jistotou věřil, že Ježíš mu může navrátit zrak. Také tu vyvstává domněnka, že věřil v Ježíše jako Spasitele, protože volal: „Ježíši, synu Davidův."

To proto, že všechen izraelský lid věděl, že Mesiáš povstane z rodu Davidova. Prvním důvodem pro to, že tento slepec mohl dostat od Ježíše odpověď, je to, že uvěřil v Ježíše a přijal ho jako Spasitele. Také bezesporu uvěřil, že tento Ježíš může způsobit, aby viděl.

Ačkoli byl slepý a neviděl, slyšel o Ježíšovi spoustu věcí. Slyšel zvěsti o tom, že se objevil člověk jménem Ježíš a ten má tak velkou moc, že vyřeší jakýkoli problém, který žádný jiný člověk předtím nevyřešil.

Jak se říká v Římanům 10:17: „Víra je tedy ze slyšení zvěsti," tento slepec nabyl víru, že pokud předstoupí před Ježíše, získá zrak. Věřil tomu, co slyšel, protože měl relativně dobré srdce.

Podobně, pokud máme dobré srdce, je pro nás snadnější získat duchovní víru, když uslyšíme evangelium. Evangelium je „dobrá zpráva" a zprávy o Ježíši byly také dobré zprávy. A tak lidé s dobrým srdcem prostě jen přijímají dobré zprávy. Například, když někdo řekne: „Byl jsem díky modlitbám uzdraven z nevyléčitelné nemoci," budou se s ním lidé s dobrým srdcem radovat. I kdyby tomu úplně nevěřili, pomysleli by si: „To je fakt skvělé, pokud je to pravda."

Čím víc v sobě lidé mají špatnosti, tím víc pochybují a snaží se takovým zprávám nevěřit. Někteří je dokonce soudí nebo odsuzují slovy: „Vymýšlejí si, aby oklamali lidi." Pokud ale říkají, že skutky Ducha svatého, které Bůh projevuje, jsou klam a výmysl, jde o rouhání se Duchu svatému.

Matouš 12:31-32 říká: „Proto vám pravím: Každý hřích i rouhání bude lidem odpuštěno, ale rouhání proti Duchu odpuštěno nebude. A tomu, kdo by řekl slovo proti Synu člověka, bude odpuštěno; ale tomu, kdo by promluvil proti Duchu Svatému, nebude odpuštěno ani v tomto věku, ani v budoucím."

Pokud jste odsoudili církev, která projevuje skutky Ducha svatého, musíte z toho činit pokání. Pouze v případě, že bude odstraněna hradba z hříchů mezi vámi a Bohem, budete moci dostávat odpovědi na své modlitby.

1. list Janův 1:9 říká: „Jestliže své hříchy vyznáváme, on je věrný a spravedlivý, aby nám hříchy odpustil a očistil nás od každé nepravosti." Pokud máte cokoli, z čeho je třeba činit pokání, mám naději, že ho před Bohem učiníte důkladně a v slzách a budete pak chodit už jenom ve světle.

Když Boha žádáte, volejte k němu

Když slepec uslyšel, že tudy prochází Ježíš, zvolal: „Ježíši, synu Davidův, smiluj se nade mnou!" Volal k Ježíši silným hlasem.

Proč musel volat silným hlasem?

V Genesis 3:17 se píše: „A Adamovi řekl: ,Protože jsi uposlechl svou ženu a jedl jsi ze stromu, o kterém jsem ti přikázal: Z toho nejez, budiž kvůli tobě prokleta země: S námahou z ní budeš jíst po všechny dny svého života.‘"

Dříve než první člověk Adam pojedl ze stromu poznání dobrého a zlého, lidé mohli jíst, co jim Bůh poskytl, a to v libovolném množství. Avšak potom, co Adam neuposlechl Boží slova a pojedl ze stromu poznání, vešel do člověka hřích a stali jsme se lidmi těla. Od té chvíle jsme mohli jíst pouze díky bolestně vynaložené námaze.

To je spravedlnost nastavená Bohem. Proto pouze v potu své tváře můžeme získat od Boha odpovědi. Tudíž se musíme namáhat v našich modlitbách celým svým srdcem, myslí a duší a volat, abychom dostali odpověď.

Jeremjáš 33:3 říká: „Volej ke mně a odpovím ti, oznámím ti velké a skryté věci, které neznáš." Lukáš 22:44 říká: „Ocitnuv se ve vnitřním zápase, usilovněji se modlil; jeho pot začal být jako kapky krve, které kanuly na zem."

Také v 11. kapitole Janova evangelia, když Ježíš oživil Lazara, který byl po čtyři dny mrtvý, zvolal silným hlasem: „Lazare, pojď ven!" (Jan 11:43) Když Ježíš prolil všechnu svou krev a vodu a vydechl naposledy na kříži, zvolal mocným hlasem: „Otče, do tvých rukou odevzdávám svého ducha" (Lukáš 23:46).

Protože přišel na tuto zemi v lidském těle, i bezhříšný Ježíš volal silným hlasem, aby to bylo v souladu s Boží spravedlností. Jak bychom mohli my, Boží stvoření, jenom tak sedět a modlit se snadným způsobem, aniž bychom hlasitě volali po odpovědích na své problémy, které nelze vyřešit z lidských sil? Proto bylo druhým důvodem, proč slepec mohl dostat odpověď to, že volal silným hlasem, což byl způsob v souladu s Boží spravedlností.

Jákobovi se dostalo Božího požehnání, protože se modlil do té míry, až se mu vykloubil kyčelní kloub (Genesis 32:24-30). Dokud déšť neukončil sucho trvající tři a půl roku, Eliáš se modlil tak horlivě, že vložil svou tvář mezi kolena (1 Královská 18:42-46). Když se modlíme ze všech svých sil a s vírou a láskou, můžeme pohnout Božím srdcem a rychle dostat od Boha odpověď.

Volat v modlitbách neznamená, že musíme křičet nepříjemným hlasem. Jak se modlit k Bohu a dostávat od Boha odpovědi na modlitby, můžete najít v knize „Bděte a modlete se".

Dokonalá víra, kterou nic nezachvěje

Někteří lidé říkají: „Bůh zná i ty největší hlubiny vašeho srdce, proto nemusíte volat v modlitbách." To však není pravda. Slepec byl přísně napomenut, aby byl zticha, ale on křičel čím dál tím víc.

Neposlechl lidi, kteří mu říkali, aby byl zticha, ale křičel čím dál tím silněji podle Boží spravedlnosti se stále vášnivějším srcem. Jeho víra v této chvíli byla dokonalá víra, kterou nic nezachvělo. A třetím důvodem, proč dostal odpověď, je to, že projevil svou víru, která byla neochvějná v jakékoli situaci.

Kdyby se slepec ve chvíli, když ho lidé napomínali, urazil nebo zmlkl, nezískal by svůj zrak. Nicméně, protože měl tak pevnou víru v to, že bude moci vidět, jakmile se setká s Ježíšem, nemohl tu chvíli propásnout, ať ho lidé napomínali, jak chtěli. Nebyl čas na to, aby projevil svou pýchu. Ani na to, aby se poddal jakýmkoli těžkostem. Pokračoval v horlivém volání a nakonec dostal tolik vytouženou odpověď.

15. kapitola Matouše vypráví o kananejské ženě, která přišla před Ježíše s pokorným srdcem a dostala od něj odpověď. Když Ježíš přišel do Týru a Sidónu, přišla před něj nějaká žena a žádala ho, aby z její posedlé dcery vyhnal démona. Co na to Ježíš řekl? Řekl: „Není správné vzít chléb dětem a hodit jej psům.“ Dětmi je tady míněn izraelský lid a kananejská žena představuje psa.

Obyčejní lidé by se velmi urazili nad takovou poznámkou a nejspíš by odešli. Ona však byla jiná. S pokorou požádala o milosrdenství slovy: „Ano, Pane, ale vždyť i psi jedí z drobtů, které padají se stolu jejich pánů.“ Ježíš byl pohnut a řekl: „Ó ženo, tvá víra je veliká. Staň se ti, jak chceš.“ A její dcera byla ihned uzdravena. Dostala odpověď, protože odhodila veškerou svou pýchu a zcela se pokořila.

Nicméně, mnoho lidí, třebaže přijdou před Boha řešit velký problém, se vrátí zpět nebo na Boha nespoléhají jen proto, že byly jejich city zraněny nějakou malou věcí. Pokud však opravdu mají víru řešit jakýkoli obtížný problém, potom s pokorným srdcem znovu a znovu žádají Boha o milost.

Odhoďte svůj plášť

Když v oné době přišel Ježíš do Jericha a otevřel oči slepému, čteme v Markovi 10:46-52, že Ježíš otevřel oči i jinému slepci. Tímto slepcem byl Bartimaios.

Také volal silným hlasem potom, co uslyšel, že jde okolo Ježíš. Ježíš pověděl lidem, aby ho zavolali a my musíme věnovat pozornost tomu, co udělal. Marek 10:50 říká: „On odhodil svůj plášť, vyskočil a přišel k Ježíšovi." To je důvod, proč dostal od Boha odpověď: odhodil svůj plášť a přišel k Ježíšovi.

Jaký je tedy skrytý duchovní význam v tom, že odhodil svůj plášť, což byla jedna z podmínek, aby dostal odpověď? Plášť tohoto žebráka musel být špinavý a silně zapáchal. Byl to ale jeho jediný majetek, kterým mohl chránit své tělo. Bartimaios měl však dobré srdce a nechtěl předstoupit před Ježíše ve svém špinavém a zapáchajícím plášti.

Ježíš, se kterým se měl setkat, byl svatý a čistý člověk. Slepec věděl, že Ježíš je dobrý člověk, který dává lidem milost, uzdravuje je a dává naději chudým a nemocným. A tak slyšel hlas svého svědomí, že nemůže předstoupit před Ježíše ve svém špinavém a zapáchajícím plášti. Poslechl tento hlas a odhodil ho.

To bylo dříve, než Bartimaios dostal Ducha svatého, takže slyšel hlas svého dobrého svědomí a poslechl ho. A tak ihned odhodil svůj nejcennější majetek, svůj plášť. Jiný duchovní význam pláště spočívá v tom, že je to naše srdce, které je špinavé a zapáchá. Je to srdce nepravdy plné pýchy, domýšlivosti a všech ostatních špinavých věcí.

Z toho vyplývá, že abychom se setkali s Bohem, který je svatý, musíme se zbavit všech špinavých a zapáchajících hříchů, které jsou jako špinavý plášť žebráka. Pokud opravdu chcete dostat odpověď, musíte naslouchat hlasu Ducha svatého, když vám Duch svatý připomíná vaše minulé hříchy. A musíte činit pokání z každého z nich. Měli byste bez váhání poslechnout, co vám říká hlas Ducha svatého - způsobem, jakým to udělal slepec Bartimaios.

Bůh slyší vyznání víry

Slepému, který Ježíše žádal s plností víry, nakonec Ježíš odpověděl. Zeptal se ho: „Co chceš, abych ti učinil?" Nevěděl snad Ježíš, co slepec chce? Samozřejmě, že věděl, ale důvod, proč se ho přesto zeptal, je osobní vyznání víry. Je to Boží spravedlnost, že musíme učinit vyznání své víry ústy, abychom získali skutečnou odpověď.

Ježíš se zeptal slepce: „Co chceš, abych ti učinil?" protože splnil podmínky, aby dostal odpověď. Protože odpověděl: „Pane, ať vidím!" bylo mu to dopřáno. Podobně, pokud i my splníme podmínky podle Boží spravedlnosti, můžeme dostat cokoli, oč požádáme.

Znáte příběh o kouzelné Aladinově lampě? Říká se v něm, že pokud třete lampu třikrát, vyjde z lampy mocný džin a splní vám tři přání. Ačkoli je to jenom příběh, který vymysleli lidé, my máme mnohem skvělejší a mocnější klíč pro odpovědi. V Janovi 15:7 Ježíš řekl: „Zůstanete-li ve mně a zůstanou-li mé výroky ve vás, požádejte, oč chcete, a stane se vám."

Věříte v moc všemohoucího Boha Otce, který je všemocný? Potom jen zůstávejte v Pánu a nechejte Slovo zůstávat ve vás. Mám naději, že budete skrze víru a poslušnost jedno s Pánem, abyste dokázali statečně vyznat své touhy a získat je, když promluví hlas stvoření.

Paní Akiyo Hirouchi (Maizuru, Japonsko)

Uzdravení defektu předsíňového septa mé vnučky!

Na počátku roku 2005 se v naší rodině narodily sestry dvojčata. Po 3 měsících však začalo mít druhé dvojče potíže s dýcháním. U holčičky byl diagnostikován defekt předsíňového septa s 4,5 mm otvorem v srdci. Nedokázala udržet hlavičku ani sát mléko. Mléko jí muselo být podáváno skrze nos trubičkou.

Situace byla velmi kritická a do městské nemocnice v Maizuru musel přispěchat pediatr z fakultní nemocnice v Kyoto. Tělo dítěte bylo příliš slabé, aby mohlo být dopraveno do fakultní nemocnice, která byla velmi vzdálená. A tak se jí muselo dostat ošetření zde v místní nemocnici.

Pastor Keontae Kim z církve Osaka & Maizuru Manmin church se za ni modlil s šátkem, na kterém se modlil reverend Jaerock Lee. Také poslal prosbu o modlitby společně s její fotografií do ústředí církve v Soulu.

Nebyli jsme v situaci, abychom se mohli účastnit bohoslužby na Internetu, tak jsme 10. června 2005 nahráli páteční celonoční bohoslužbu církve Manmin Central Church a potom jsme ji celá rodina společně sledovali i s modlitbou od reverenda Lee.

„Bože Otče, uzdrav tuto holčičku mimo čas a prostor. Vlož své ruce na Miki Yunu, vnučku Hirouchi Akiya v Japonsku. Defekte předsíňového septa, zmiz! Ať jsi spálen ohněm Ducha svatého a ona ať se uzdraví!

Následujícího dne, 11. června, se přihodila úžasná věc. Dítě nedokázalo dýchat samo, ale náhle došlo ke zlepšení a lékaři jí mohli dokonce odejmout respirátor.

Lékař užasl: „Je zázrak, že se dítě uzdravilo tak rychle!"

Od té doby dítě velmi dobře prospívalo. Předtím holčička vážila pouhých 2,4 kg, ale do 2 měsíců od chvíle, kdy se za ni reverend

Lee modlil, se váha vyšplhala až na 5 kg! I její hlas, když plakala, byl mnohem silnější. Protože jsem tento zázrak viděl z první ruky, v srpnu 2005 jsem se registroval v církvi Manmin Central Church. Uvědomil jsem si, že mi Bůh dopřál zázračný skutek uzdravení, protože věděl, že v něho skrze zázrak uvěřím.

Díky této milosti jsem obětavě pracoval, abych založil církev Manmin v Maizuru. Tři roky po založení jsme členové církve a já mohli za naše dary koupit krásnou modlitebnu.

Dnes pracuji jako dobrovolník pro Boží království. Jsem velmi vděčný, a to nejenom za milost v podobě uzdravení mé vnučky, ale také za Boží milost, která mě vede na cestu opravdového života.

- Výňatek z knihy Mimořádné věci -

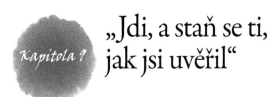

„Jdi, a staň se ti, jak jsi uvěřil"

Kapitola 9

Hlas stvoření, který
vychází z úst Ježíše,
proniká celou zemí
a dosahuje až na konec světa,
tím projevuje svou moc
přesahující čas a prostor.

Všechno, co Bůh stvořil, poslouchá jeho hlas

Lidé přestali slyšet hlas stvoření

Důvod, proč lidé nedostávají odpovědi

Setník a jeho dobré srdce

Setník zakouší zázrak přesahující čas a prostor

Mocné skutky přesahující čas a prostor

„I řekl Ježíš setníkovi: ‚Jdi, a staň se ti, jak jsi uvěřil.
‘ A v tu hodinu byl jeho sluha uzdraven. "

(Matouš 8:13)

Mnoho lidí v agónii nebo těžkostech, kdy se zdá, že neexistuje cesta ven, vnímá, že Bůh je jim vzdálený nebo od nich odvrací svou tvář. Někteří z nich dokonce pochybují: „Ví Bůh vůbec, že jsem tady?" nebo „Slyší Bůh moje modlitby, když se modlím?" To proto, že nemají dostatečnou víru ve všemohoucího a vševědoucího Boha.

David prošel v životě mnoha těžkostmi, a přesto vyznal: „Vystoupím-li na nebesa, tam jsi ty. Ustelu si v podsvětí, jsi i tam. Když se vznesu na křídlech jitřenky a usadím se za koncem moře, i tam mě bude provázet tvá ruka, tvá pravice se mě chopí" (Žalm 139:8-10).

Protože Bůh vládne nad celým vesmírem a všemi věcmi v něm mimo čas a prostor, nemá fyzická vzdálenost, kterou lidské bytosti vnímají, na Boha vůbec žádný vliv.

Izajáš 57:19 říká: „Stvořím ovoce rtů. Pokoj, pokoj dalekému i blízkému, praví Hospodin, a uzdravím ho." „Stvořím ovoce rtů" znamená, že slovo dané Bohem bude s jistotou splněno, jak je řečeno v Numeri 23:19.

Izajáš 55:11 rovněž říká: „Tak bude mé slovo, které vyjde z mých úst: Nenavrátí se ke mně s prázdnou, nýbrž vykoná to, co si přeji, a zdárně dokáže to, k čemu ho pošlu."

Všechno, co Bůh stvořil, poslouchá jeho hlas

Bůh Stvořitel učinil nebesa a zemi svým hlasem stvoření. A tak vše, co bylo stvořeno jeho hlasem, poslouchá tento hlas stvoření, i když se nejedná o živé organismy. Například, v dnešní době máme přístroje s rozpoznáváním hlasu, které reagují pouze na konkrétní hlas. Stejně tak je hlas stvoření vtištěný do všech věcí ve vesmíru, takže poslechnou, když hlas promluví.

Ježíš, který je svou přirozeností Bůh, také promluvil hlasem stvoření. Marek 4:39 říká: „Probudil se, pohrozil větru a řekl moři: ,Mlč, buď zticha!' A vítr přestal a nastal úplný klid." Dokonce i vítr a moře, které nemají uši ani nejsou živé, poslouchají hlas stvoření. Co bychom tedy měli dělat my, lidé, kteří máme uši a rozum? Očividně bychom měli poslechnout. Proč tedy lidé neposlouchají?

Uveďme si jako příklad přístroj rozpoznávající hlas. Dejme tomu, že existuje sto zařízení tohoto druhu. Majitel nastaví přístroje tak, aby fungovaly, když uslyší hlas říct: „Ano." Někdo ale u čtyřiceti přístrojů změní nastavení. Nastaví těch 40 přístrojů tak, aby fungovaly, když uslyší: „Ne." Potom těchto 40 přístrojů nikdy nebude fungovat, i když majitel řekne: „Ano." Velmi obdobným způsobem lidé přestali slyšet hlas stvoření, když Adam zhřešil.

Lidé přestali slyšet hlas stvoření

Adam byl stvořen jako živý duch, který poslouchal a dodržoval pouze Boží slova, pravdu. Bůh Otec vyučoval Adama pouze duchovnímu poznání, tedy slovům pravdy, ale od chvíle, kdy dal Bůh Adamovi svobodnou vůli, bylo jen na Adamovi, aby se rozhodl, zda bude poslouchat pravdu nebo ne. Bůh nechtěl dítě, které bude fungovat jako robot a bude vždy bezpodmínečně poslouchat.

Chtěl děti, které budou dobrovolně dodržovat jeho slova a opravdově ho milovat celým srdcem. Nicméně, po nějaké době začal Adama pokoušel satan a on neuposlechl Boží slova.

Římanům 6:16 říká: „Což nevíte, že komu se propůjčujete jako otroci k poslušnosti, koho posloucháte, toho jste otroky:

buď hříchu, který vede ke smrti, nebo poslušnosti, která vede ke spravedlnosti?" Jak je zde řečeno, Adamovi potomci se díky jeho neposlušnosti stali otroky hříchu a nepřítele ďábla a satana.

Nyní byli předurčeni k tomu myslet, mluvit a jednat, jak je satan podněcoval, a vršit hřích na hřích, dokud nepropadnou smrti. Nicméně, Ježíš přišel na tuto zemi v Boží prozíravosti. Zemřel jako oběť smíření, aby vykoupil všechny hříšníky, a byl vzkříšen.

To je důvod, proč se v Římanům 8:2 říká: „Vždyť zákon Ducha života v Kristu Ježíši mě osvobodil od zákona hříchu a smrti." Jak je zde uvedeno, ti kdo věří v Ježíše Krista ve svém srdci a chodí ve světle, už nejsou více otroky hříchu.

To znamená, že byli zmocněni k tomu, aby slyšeli Boží hlas stvoření skrze svou víru v Ježíše Krista. Proto ti, kdo ho slyší a poslechnou, mohou získat odpověď na cokoli, oč požádají.

Důvod, proč lidé nedostávají odpovědi

Někteří lidé se teď mohou ptát: „Věřím v Ježíše Krista a byly mi odpuštěny hříchy. Proč mě tedy Bůh neuzdravil?" Potom bych vám rád položil následující otázku: Do jaké míry jste poslušni Božímu slovu v Bibli?

Vyznáváte, že věříte v Boha, zatímco nenávidíte svět, podvádíte druhé nebo děláte špatné věci jako lidé ze světa? Byl bych rád, abyste zkoumali, zda dodržujete všechny neděle jako den odpočinku, dáváte řádné desátky a posloucháte všechna Boží nařízení, která nám říkají, abychom určité věci dělali nebo nedělali, dodržovali nebo se jich zbavovali.

Můžete-li na výše uvedené otázky s jistotou odpovědět ano, získáte odpověď na cokoli, oč požádáte. I kdyby se odpověď opozdila, jen poděkujte z hloubi svého srdce a bez zaváhání spoléhejte na Boha. Prokážete-li tímto způsobem svou víru, Bůh bez zaváhání odpoví. Promluví hlasem stvoření a řekne: „Jdi, a staň se ti, jak jsi uvěřil," a skutečně se stane podle vaší víry.

Setník a jeho dobré srdce

8. kapitola Matoušova evangelia zaznamenává příběh římského setníka, který dostal odpověď díky své víře. Když přišel k Ježíšovi, jeho služebník byl uzdraven hlasem stvoření, kterým Ježíš promluvil.

V té době byl Izrael pod nadvládou římského impéria. V římské armádě tenkrát existovali velitelé nad tisíci, stovkami, padesátkami a desítkami vojáků. Název jejich hodnosti se odvíjel od počtu vojáků, kterým veleli. Jedním z těch, kteří měli na zodpovědnost sto vojáků, byl právě setník bydlící v Kafarnaum. Slyšel novinky o Ježíši, který kázal o lásce, dobrotě a milosrdenství.

Ježíš v Matoušovi 5:38-39 vyučoval: „Slyšeli jste, že bylo řečeno: ‚Oko za oko a zub za zub.' Já však vám pravím, abyste neodporovali zlému člověku, ale když tě někdo udeří do tvé pravé tváře, nastav mu i druhou tvář.

V Matoušovi 5:43-44 rovněž řekl: „Slyšeli jste, že bylo řečeno: ‚Budeš milovat svého bližního a nenávidět svého nepřítele.' Já však vám pravím: Milujte své nepřátele, žehnejte těm, kdo vás proklínají, dobře čiňte těm, kdo vás nenávidí, a modlete se za ty, kteří vás urážejí a pronásledují." Ti, kdo mají dobré srdce, budou dojati, když uslyší taková slova o lidské dobrotě.

Setník však slyšel, že Ježíš nevyučoval pouze o dobrotě, ale že také činil zázraky a znamení, které nelze vykonat z lidských sil.

Šířily se zprávy, že Ježíš uzdravil malomocné, kteří byli pokládáni za prokleté, slepí prohlédli, němí začali mluvit a hluší slyšet. Chromí začali chodit a skákat a mrzáci se postavili na nohy. Setník uvěřil všem těmto slovům tak, jak je uslyšel.

Různí lidé však reagovali na zprávy o Ježíši různě. Prvním typem lidí byli ti, kdo neměli pochopení, když viděli Boží skutky. Namísto toho, aby Ježíše přijali a uvěřili v něho, tak kvůli svým pevným sebestředným stereotypům víry vynášeli soudy a Ježíše odsuzovali.

Farizeové a zákoníci, kteří měli nezadatelná práva, patřili právě mezi tento typ lidí. V Matoušovi 12:24 je zaznamenáno, že o Ježíšovi dokonce pronesli následující slova: „Ten člověk vyhání démony jen v moci Belzebula, vládce démonů." Vypouštěli z úst zlá slova s naprostou duchovní ignorancí.

Druhým typem lidí byli ti, kdo věřili v Ježíše jako v jednoho z velkých proroků a následovali ho. Například, když Ježíš vzkřísil mladého muže z mrtvých, lidé řekli: „Všech se zmocnil strach, oslavovali Boha a říkali: ‚Veliký prorok povstal mezi námi' a ‚Bůh navštívil svůj lid'" (Lukáš 7:16).

A třetím typem lidí byli ti, kdo si uvědomili hluboko ve svém srdci, že Ježíš je Boží Syn, který přišel na tuto zemi a stal se Spasitelem všech lidí, a uvěřili v něho. Člověk, který byl slepý od narození a po setkání s Ježíšem se mu otevřely oči, řekl: „Od pradávna nebylo slýcháno, že by někdo otevřel oči člověka slepého od narození. Kdyby tento člověk nebyl od Boha, nemohl by dělat nic" (Jan 9:32-33).

Uvědomil si, že Ježíš přišel jako Spasitel. Vyznal: „Věřím, Pane" a poklonil se Ježíšovi. Podobně si ti, kdo měli dobré srdce, které dokázalo poznat to, co bylo dobré, uvědomili, že Ježíš je Boží Syn, a stačilo jim pouze vidět, co Ježíš dělal.

V Janovi 14:11 Ježíš řekl: „Věřte mi, že já jsem v Otci a Otec ve mně; ne-li, věřte aspoň pro ty skutky." Co myslíte, kdybyste žili v Ježíšových dobách, ke kterému typu lidí byste patřili?

Setník byl jedním z lidí třetího typu. Uvěřil zprávám o Ježíši, jak je slyšel a předstoupil před něho.

Setník zakouší zázrak přesahující čas a prostor

Jak to, že setník dostal odpověď, kterou chtěl, hned potom, co uslyšel Ježíše říct: „Jdi, a staň se ti, jak jsi uvěřil"?

Můžeme vidět, že setník Ježíšovi důvěřoval v hloubi svého srdce. Poslechl by, ať by Ježíš řekl cokoli. Ale nejdůležitější věcí na setníkovi je, že přišel před Ježíše s opravdovou láskou k ostatním lidem.

Matouš 8:6 říká: „Pane, můj sluha leží doma ochrnutý a hrozně trpí." Setník přišel před Ježíše a nežádal o nic pro své rodiče, příbuzné ani pro své vlastní děti, ale pro svého sluhu. Bral bolest svého sluhy jako svou vlastní a kvůli tomu předstoupil před Ježíše. Jak by Ježíše nedojalo jeho dobré srdce?

Ochrnutí je vážný stav, který nelze snadno vyléčit ani těmi nejlepšími lékařskými prostředky. Člověk nemůže volně hýbat rukama a nohama, takže je odkázaný na pomoc druhých. V některých případech potřebuje pomoc při mytí, jídle nebo převlékání.

Pokud tento stav přetrvává dlouho, je velmi obtížné najít člověka, který bude neustále pečovat o nemocného s láskou a soucitem, jak praví jedno staré korejské přísloví: „Při dlouhé nemoci neexistují oddaní synové." Není mnoho lidí, kteří milují své vlastní rodinné příslušníky jako sami sebe.

Nicméně, tu a tam, když se za takové lidi celá rodina s láskou horlivě modlí, můžeme vidět, jak se ti, kdo již minuli hranici života, uzdravují nebo dostávají odpovědi na velmi složitý problém. Modlitby a skutky lásky dojmou srdce Boha Otce do té míry, že projeví svou lásku, která přesahuje jeho spravedlnost.

Setník měl takovou důvěru v Ježíše, že Ježíš uzdravil jeho sluhu z ochrnutí. Požádal Ježíše a dostal odpověď.

Druhým důvodem, proč setník dostal odpověď, bylo to, že prokázal dokonalou víru a ochotu Ježíše zcela poslechnout.

Ježíš viděl, že setník má rád svého sluhu jako sebe samého a řekl mu: „Já přijdu a uzdravím ho." Ale setník řekl v Matoušovi 8:8: „Pane, nejsem hoden, abys vstoupil pod mou střechu; ale řekni jen slovo, a můj sluha bude uzdraven."

Většina lidí by byla velmi šťastná, kdyby Ježíš přišel k nim domů. Ale setník statečně prohlásil výše uvedená slova, protože měl opravdovou víru.

Měl postoj poslechnout cokoli, co Ježíš řekne. Můžeme to vidět na jeho slovech v Matoušovi 8:9, kde říká: „Vždyť i já jsem člověk postavený pod pravomocí a mám pod sebou vojáky; a řeknu-li tomuto: ‚Jdi', on jde; řeknu-li jinému: ‚Přijď', přijde; a řeknu-li svému otroku: ‚Udělej toto', pak to udělá." Když to Ježíš uslyšel, podivil se a řekl těm, kteří ho následovali: „Amen, pravím vám, takovou víru jsem v Izraeli nenašel u nikoho."

Stejně tak, pokud jste dělali, co Bůh řekl, abyste dělali, nedělali, co Bůh řekl, abyste nedělali, dodržovali, co Bůh řekl, abyste dodržovali, a zbavovali se toho, čeho Bůh řekl, že se máte zbavit, můžete s jistotou požádat Boha o cokoli. To z toho důvodu, že 1. list Janův 3:21-22 říká: „Milovaní, jestliže nás srdce neodsuzuje, máme radostnou důvěru k Bohu a oč bychom žádali, dostáváme od něho, protože zachováváme jeho přikázání a činíme to, co se jemu líbí."

Setník měl dokonalou víru v moc Ježíše, který dokázal uzdravovat pouhými slovy. Třebaže byl setníkem římské říše, pokořil se a byl ochotný Ježíše zcela poslechnout. Z těchto důvodů dostal odpověď na svou touhu.

V Matoušovi 8:13 Ježíš řekl setníkovi: „Jdi, a staň se ti, jak jsi uvěřil." V tu hodinu byl jeho sluha uzdraven. Když Ježíš promluvil hlasem stvoření, byla setníkovi dána odpověď přesahující čas a prostor, zrovna jak setník věřil.

Mocné skutky přesahující čas a prostor

Žalm 19:5 říká: „...Do celé země proniká jejich zvuk a jejich výroky do končin světa..." Jak je zde řečeno, hlas stvoření, který vyšel z Ježíšových úst, dokázal zasáhnout končiny světa, a Boží moc se projevila mimo prostor bez ohledu na fyzickou vzdálenost.

Jakmile hlas stvoření promluví, přesahuje také čas. Proto je slovo vykonáno i po nějakém čase, jakmile je naše nádoba připravena přijmout odpověď.

V naší církvi se děje velmi mnoho skutků Boží moci přesahujících prostor a čas. V roce 1999 ke mně přišla sestra jedné pákistánské dívky s fotografií své sestry jménem Cynthia. V té době Cynthia umírala na zúžování tlustého střeva a na na celiakii.

Lékař řekl, že je tu jen malá šance na přežití, i když Cynthia podstoupí operaci. V této situaci se na mě obrátila starší sestra Cynthie s fotografií své sestry a prosbou, abych se za ni pomodlil. Od chvíle, kdy jsem se za ni pomodlil, se velmi rychle uzdravovala.

V říjnu 2003 ke mně přišla manželka pomocného pastora naší církve s fotografií svého bratra, abych se za něho pomodlil. Její bratr měl zdravotní problémy spočívající ve snižování množství krevních destiček. Měl krev v moči, stolici, očích, nose a ústech. Krev se mu dostávala také do plic a střev. Už jen čekal na smrt. Když jsem se ale modlil s rukama na jeho fotografii, množství krevních destiček se rychle zvýšilo a on se velmi brzo uzdravil.

Tyto skutky přesahující čas i prostor se ve velké míře odehrály také na kampani v Rusku, která se konala v listopadu 2003 v Petrohradu. Kampaň se vysílala přes 12 satelitů do více než 150ti zemí napříč Ruskem, Evropou, Asií, Severní Amerikou a Latinskou Amerikou. Vysílání zahrnovalo Indii, Filipíny, Austrálii, Spojené státy, Honduras a Peru. Také v dalších 4 ruských městech a v Kyjevě na Ukrajině proběhla paralelní setkání u obrazovek.

Ať lidé navštívili setkání u obrazovek nebo kampaň sledovali doma v televizi, tak pokud poslouchali slovo a s vírou přijali modlitbu za uzdravení, byli v té chvíli uzdraveni a poslali nám svá svědectví e-mailem či jinými způsoby. Ačkoli se nenacházeli na stejném fyzickém místě, když zazněl hlas stvoření, působil, protože se společně nacházeli ve stejném duchovním prostoru.

Pokud máte opravdovou víru a ochotu poslouchat Boží slovo, projevujete opravdové skutky lásky jako setník a věříte v Boží moc, která působí s přesahem prostoru a času, můžete žít požehnaný život a dostávat odpovědi na cokoli, oč požádáte.

Na zvláštních dvoutýdenních probuzeneckých setkáních, která se konala po dobu 12ti let od roku 1993 do roku 2004, byli lidé uzdraveni z nejrůznějších nemocí a byly vyřešeny nejrůznější problémy v jejich životě. Jiní zase byli dovedeni na cestu spasení. Bůh však způsobil, abychom tato probuzenecká setkání v roce 2004 ukončili. Bylo to proto, abychom mohli udělat ještě větší skok kupředu.

Bůh mi otevřel cestu k tomu, abych začal nové duchovní vyučování a začal mi objasňovat různé dimenze duchovního světa. Nerozuměl jsem tomu, co tím bylo zprvu míněno. Také zde byly úplně nové pojmy. Ale já jsem poslechl a začal se je učit, protože jsem věřil, že jim jednoho dne porozumím.

Asi před 30ti lety jsem obdržel Boží moc díky mnoha modlitbám a půstu, které jsem předkládal Bohu od chvíle, kdy jsem se stal pastorem. V průběhu 10, 21 a 40 dnů půstu a modliteb k Bohu jsem musel bojovat s extrémním horkem a chladem.

Ale duchovní vyučování, které mi Bůh dal, bylo nesrovnatelně bolestnějším tréninkem než všechno toto úsilí. Musel jsem porozumět věcem, o kterých jsem nikdy předtím neslyšel a musel jsem se modlit jako Jákob u řeky Jabok, dokud jsem je nepochopil.

Navíc jsem musel trpět různými fyzickými stavy svého těla. Zrovna jako astronaut musí projít důkladným tréninkem, aby se dokázal přizpůsobit životu ve vesmíru, v mém těle se odehrávaly různé věci, dokud jsem nedosáhl dimenze, kterou po mně Bůh chtěl.

Každou chvíli jsem ale překonal s láskou a vírou v Boha a brzy jsem získal duchovní poznání o původu Boha Otce a zákonu lásky a spravedlnosti a mnohém dalším.

Navíc, čím víc jsem se blížil k dimenzi, do které Bůh chtěl, abych se dostal, tím vzrůstající měrou se odehrávaly mocnější skutky. Rychlost, s jakou se členům církve dostávalo požehnání, stále rostla stejně jako rychlost zázračných uzdravení, ke kterým docházelo. Den za dnem roste počet svědectví.

Bůh chce naplnit svou prozíravost na konci věků demonstrací největší a nejúžasnější moci, jakou si člověk ani nedokáže představit. Z toho důvodu dal tuto moc, aby mohl být postaven velký chrám jako archa spasení, kde se bude prohlašovat Boží sláva, a evangelium se dostane zpět do Izraele.

Kázat evangelium v Izraeli je velmi obtížná věc. Nejsou zde dovolena žádná křesťanská shromáždění. Může k tomu dojít jen díky ohromující Boží moci, která může otřást i světem. Kázat evangelium v Izraeli je povinnost, kterou uložil Bůh naší církvi.

Mám naději, že si uvědomíte, že se blíží čas, kdy Bůh na sebe vezme všechny své plány o konci věků, a budete se snažit ozdobit jako Pánova nevěsta a ve všem se vám i vaší duši bude dobře dařit.

Moc Boha, který
ovládá čtvrté nebe

Čtvrté nebe je prostor, který je určen výhradně pro Boha samotného. Je to místo pro Boží trojici a je zde možné úplně všechno.

Věci jsou stvořeny z ničeho. Když Bůh něco pojme do své mysli, je to vykonáno. I pevné předměty se mohou volně přeměnit v kapalinu nebo plyn.

Prostor, který má takové vlastnosti, se nazývá „prostor čtvrté dimenze".

Skutky využívající tento duchovní prostor čtvrté dimenze zahrnují dílo stvoření, vládu nad životem a smrtí, uzdravování a jiné skutky přesahující prostor a čas. Moc Boha, který ovládá čtvrté nebe, se projevuje dnes stejně jako včera.

1. Dílo stvoření

Dílo stvoření znamená stvořit poprvé něco, co nikdy předtím neexistovalo. Když Bůh na počátku pouhým svým slovem stvořil nebesa a zemi a všechny věci na nich, bylo to dílo stvoření. Bůh může projevovat dílo stvoření, protože ovládá čtvrté nebe.

Dílo stvoření vykonané skrze Ježíše

Proměnění vody ve víno v 2. kapitole Janova evangelia je dílo stvoření. Ježíš byl pozván na svatební hostinu, kde došlo víno.
Marii vzniklá situace velmi mrzela a požádala Ježíše o pomoc. Ježíš nejprve odmítl, ale Marie i přesto nepřestala věřit. Věřila, že Ježíš správci hostiny pomůže.
Ježíš vzal dokonalou víru Marie v úvahu a pověděl učedníkům, aby naplnili kamenné nádoby na vodu vodou a zanesli je správci hostiny. Nemodlil se ani nenařídil, aby se voda proměnila ve víno.
Pojal myšlenku pouze ve svém srdci a voda se v šesti kamenných nádobách v momentě proměnila ve velmi kvalitní víno.

Dílo stvoření vykonané skrze Elijáše

Vdova ze Sarepty v 17. kapitole 1 Královské se nacházela ve velmi obtížné situaci. Díky dlouhotrvajícímu suchu jí došlo jídlo a všechno, co jí zbylo, byla hrst mouky a trocha oleje.

Elijáš ji však požádal, aby upekla malý chléb a přinesla mu ho: „Neboť toto praví Hospodin, Bůh Izraele: ,Mouka ve džbánu nedojde a oleje ve džbánku nebude nedostatek až do dne, kdy dá Hospodin déšť na povrch země'" (1 Královská 17:14). Vdova uposlechla Elijáše bez jediné výmluvy.

Díky tomu jedla ona, Elijáš a celý její dům po mnoho dní. Mouka ve džbánu nedošla a oleje ve džbánku nebyl nedostatek (1 Královská 17:15-16). Hrst mouky a olej ve džbánku, které nedocházejí, tady naznačují dílo stvoření, ke kterému došlo.

Dílo stvoření vykonané skrze Mojžíše

V knize Exodus 15:22-23 čteme, že synové Izraele přešli Rudé moře a vešli do pouště. Uběhly tři dny, ale stále nemohli najít žádnou vodu. Našli vodu na místě zvaném Mara, ale ta byla hořká a nedala se pít. Začali si hlasitě stěžovat.

Mojžíš se tedy modlil k Bohu a Bůh mu ukázal dřevo. Když ho Mojžíš hodil do vody, voda zesládla a dala se pít. Nebylo to proto, že by dřevo obsahovalo nějaké prvky, které by hořkost z vody vyplavily. Byl to Bůh, který vykonal dílo stvoření, které se projevilo díky Mojžíšově víře a poslušnosti.

Místo, kde se v Muanu nachází sladká voda

Církev Muan Manmin zakouší dílo stvoření

I dnes Bůh koná dílo stvoření. Sladká voda v Muanu je jedním takovým dílem. 4. března 2000 jsem se modlil v Soulu, aby se slaná voda v církvi Muan Manmin proměnila ve sladkou a členové církve potvrdili, že Bůh na modlitbu odpověděl následujícího dne, 5. března.

Církev Muan Manmin je obklopena mořem, proto získávali ze studny pouze mořskou vodu. Pitnou vodu museli přivádět potrubím z místa vzdáleného 3 km. To pro ně bylo značně nevyhovující.

Členové církve Muan Manmin si vzpomněli na událost v Maře v knize Exodus a prosili mě, abych se s vírou modlil za to, aby se slaná voda proměnila ve sladkou. Během mého desetidenního modlitebního pobytu v horách jsem se od 21. února modlil za církev Muan Manmin. Členové církve Muan Manmin se rovněž postili a modlili za stejnou věc.

Během mého modlitebního pobytu v horách jsem se soustředil pouze na modlitby a Boží slovo. Moje úsilí a víra členů církve Muan Manmin se střetly s podmínkami Boží spravedlnosti a projevilo se tak úžasné dílo stvoření.

Duchovním zrakem může člověk vidět paprsek světla z Božího trůnu, který přichází dolů na konec trubky studny, takže když slaná voda míjí paprsek, promění se ve sladkou.

Tato sladká voda z Muanu není však jen pitná. Když ji lidé s vírou vypijí nebo aplikují na své tělo, dostane se jim zázračného uzdravení a odpovědí na problémy podle jejich víry. Existuje bezpočet svědectví takového působení sladké vody v Muanu a mnoho lidí z celého světa tuto studnu v církvi Muan Manmin navštěvuje.

Sladká voda v Muanu byla otestována americkým Úřadem pro potraviny a léčiva a její měkkost a dobré vlastnosti se prostřednictvím pokusných myší potvrdily v pěti kategoriích: minerální faktory, obsah těžkých kovů, zbytkové chemikálie, reakce kůže a toxicita. Je obzvláště bohatá na minerály a obsah vápníku je více než 3 krát vyšší než u jiných známých minerálních vod ve Francii a Německu.

Výsledky testů FDA (Úřad pro potraviny a léčiva)

2. Vláda nad životem

V prostoru čtvrté dimenze, který má vlastnosti čtvrtého nebe, může být čemukoli mrtvému navrácen život nebo může být cokoli živé usmrceno. To se vztahuje na všechno živé, ať jde o rostliny nebo zvířata.

To byl i případ Áronovy hole, která vypučela. Pokryl ji prostor čtvrté dimenze. A tak do jednoho dne suchá hůl vypučela, vydala květ, květ rozkvetl a dozrály mandle. V Matoušovi 21:19 řekl Ježíš fíkovníku bez ovoce: „Ať se z tebe již nikdy ovoce neurodí!" A fíkovník ihned uschl. To se stalo také proto, že ho pokryl prostor čtvrté dimenze.

V 11. kapitole Janova evangelia čteme popis události, kdy Ježíš oživuje Lazara, který byl již čtyři dny mrtev a jeho tělo silně zapáchalo. V případě Lazara se musela vrátit nejenom jeho duše, ale muselo být zcela obnoveno i jeho tělo, které již podléhalo rozkladu. To bylo fyzicky nemožné, ale jeho tělo se dokázalo v prostoru čtvrté dimenze v momentě obnovit.

V naší církvi Manmin Central přišel bratr jménem Geonwi Park zcela o zrak u jednoho svého oka, ale začal znovu vidět. Když mu byly tři roky, podstoupil operaci šedého zákalu. Následovaly komplikace a projevila se u něj vážná uveitida a odchlípení sítnice. Když u vás dojde k odchlípení sítnice, nevidíte dobře. Navíc také trpěl svraštěním bulbu, což je scvrknutí očních bulv. Nakonec v roce 2006 zcela ztratil zrak na svém levém oku.

V červenci 2007 díky mé modlitbě získal svůj zrak zpátky. Jeho levé oko nebylo dokonce ani citlivé na světlo, přesto mohl znovu vidět. Scvrknutá oční bulva také získala znovu svou normální velikost.

Vidění na pravé oko bylo také špatné, ve stupnici 0,1, ale zlepšilo se na 0,9. Své svědectví doprovázené všemi lékařskými a nemocničními dokumenty vydal na 5. mezinárodní křesťanské lékařské konferenci v Norsku. Konferenci navštívilo 220 profesionálů z oblasti zdravotnictví ze 41 zemí. Tento případ byl vyhodnocen jako nejpozoruhodnější ze všech prezentovaných případů.

Stejná věc se může přihodit i u jiných tkání nebo nervů. Dokonce, i když jsou nervy nebo buňky mrtvé, mohou být opět normální, pokud je pokryje prostor čtvrté dimenze. Fyzická postižení se mohou v prostoru čtvrté dimenze úplně zacelit. Z jiných nemocí způsobených bakteriemi nebo viry jako AIDS, tuberkulóza, nachlazení nebo horečka, se lidé také mohou v prostoru čtvrté dimenze uzdravit.

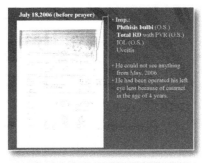

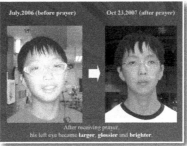

Případ Gunwui Park prezentovaný na 5. konferenci WCDN

V takových případech sestupuje oheň Ducha svatého a bakterie a viry spaluje. Poškozené tkáně se v prostoru čtvrtého nebe obnoví a dojde k úplnému uzdravení. Dokonce i co se týče problému neplodnosti, tak pokud se orgán nebo část, která je problematická, v prostoru čtvrté dimenze spraví, může mít dotyčný člověk děti. Abychom mohli být díky Boží moci v prostoru čtvrté dimenze z nemocí nebo slabostí uzdraveni, musíme splňovat podmínky Boží spravedlnosti.

3. Skutky, které přesahují čas a prostor

Mocné skutky odehrávající se v prostoru čtvrté dimenze se projevují tak, že přesahují čas a prostor. Je to proto, že prostor čtvrté dimenze obsahuje a přesahuje všechny prostory ostatních dimenzí. Žalm 19:5 říká: „Do celé země proniká jejich zvuk a jejich výroky do končin světa..." To znamená, že slova Boha přebývajícího ve čtvrtém nebi dosáhnou až na sám konec světa.

I dva body od sebe v prvním nebi, fyzickém světě, velmi vzdálené, se v konceptu prostoru čtvrté dimenze chovají, jako by byly hned vedle sebe. Za jednu sekundu oběhne světlo zeměkouli sedm a půl krát. Avšak světlo Boží moci může v momentě dosáhnout i konce vesmíru. Proto nemá vzdálenost ve fyzickém světě v prostoru čtvrté dimenze žádný význam ani omezení.

V 8. kapitole Matoušova evangelia setník požádal Ježíše, aby uzdravil jeho sluhu. Ježíš slíbil, že přijde do jeho domu a setník na to odpověděl: „Pane, nejsem hoden, abys vstoupil pod mou střechu; ale řekni jen slovo, a můj sluha bude uzdraven." A tak Ježíš řekl: „Jdi, a staň se ti, jak jsi uvěřil." A v tu hodinu byl jeho sluha uzdraven.

Protože Ježíš vlastní prostor čtvrtého nebe, mohl být nemocný člověk, který se nacházel na velmi vzdáleném místě, uzdraven pouhým příkazem Ježíše. Setníkovi se dostalo takového požehnání, protože projevil dokonalou víru v Ježíše. Ježíš pochválil setníkovu víru slovy: „Amen, pravím vám, takovou víru jsem v Izraeli nenašel u nikoho."

I dnes těm dětem, které jsou sjednocené s Bohem skrze dokonalou víru, Bůh projevuje skutky moci, které přesahují čas a prostor.

Cynthia v Pákistánu umírala na celiakii. Lysanias v Izraeli umírala na virovou infekci. Byly však uzdraveny mocí modlitby, která přesahuje čas a prostor. Robert Johnson ve Spojených státech byl také uzdraven skrze moc modlitby přesahující prostor a čas. Přetrhla se mu Achillova šlacha a on nemohl kvůli ukrutné bolesti ani chodit. Bez jakéhokoli lékařského ošetření se zcela uzdravila pouze díky modlitbě přesahující čas a prostor. To je působení moci, které se projevilo v prostoru čtvrté dimenze.

Mimořádné skutky, ke kterým dochází skrze šátky, jsou také skutky přesahující čas a prostor. I časem moc v nich obsažená nezmizí, pokud je vlastník šátku řádný v Božích očích. Šátek, na kterém se modlí, je velmi vzácný, protože může kdykoli otevřít prostor čtvrté dimenze.

Pokud ale někdo používá šátek bezbožným způsobem bez víry, nedojde k žádnému Božímu působení. Nejde jen o toho, kdo se s šátkem modlí, ale také o toho, za koho se modlí. I on musí být v souladu se spravedlností. Musí bezpochyby věřit, že šátek v sobě má Boží moc.

V duchovním světě se všechny věci dějí správně a zcela přesně podle spravedlnosti. Proto se víra člověka, který se modlí, a víra člověka, za kterého se modlí, měří přesně a Boží působení se projeví podle toho.

4. Využití duchovního prostoru

Jozue 10:13 uvádí: „...I zastavilo se slunce v polovině nebes a nespěchalo k západu po celý den." To se stalo, když Jozue bojoval proti Emorejcům při dobývání kananejské země. Jak se může v prvním nebi zastavit čas téměř na celý den? Den je doba, za kterou Země jednou oběhne kolem své vlastní osy. Proto, aby se čas zastavil, musí se zastavit rotace Země okolo její vlastní osy. Pokud by se ale zastavila rotace Země okolo její vlastní osy, mělo by to katastrofické následky nejenom na Zemi samotnou, ale také na mnoho dalších nebeských těles. Jak se tedy mohl zastavit čas na téměř celý den?

Bylo to možné, protože nejenom Země, ale všechno v prvním nebi podléhalo plynutí času duchovního světa. Plynutí času v druhém nebi je rychlejší než plynutí času v prvním nebi a plynutí času ve třetím nebi je rychlejší než plynutí času v druhém nebi. Avšak plynutí času ve čtvrtém nebi může být buď rychlejší nebo pomalejší než plynutí času v ostatních nebích. Jinými slovy, plynutí času ve čtvrtém nebi se může volně měnit podle Božích záměrů, jak to Bůh pojme ve své mysli. Může plynutí času prodloužit, zkrátit nebo úplně zastavit.

V případě Jozua bylo celé první nebe pokryto prostorem čtvrtého nebe a čas byl prodloužen podle potřeby. V Bibli můžeme najít i další příběh, kdy někomu plynul čas pomaleji. Bylo to ve chvíli, kdy Elijáš běžel rychleji než vůz krále v 18. kapitole 1. knihy Královské. Pomalejší plynutí času je opakem delšího plynutí času. Elijáš běžel pouze svou vlastní rychlostí, ale protože mu plynul čas pomaleji, mohl běžet rychleji než králův vůz. Dílo stvoření, oživování mrtvých a skutky, které přesahují čas a prostor, se dějí při plynutí času, který se zastavil. To je důvod, proč se ve fyzickém světě konkrétní skutek stane ihned po příkazu nebo pojmutí ho do mysli.

Podívejme se v 8. kapitole knihy Skutků na něco, co se dá nazvat jako „teleportace" Filipa. Filip byl veden Duchem svatým k tomu, aby se setkal s etiopským eunuchem na cestě, která sestupuje z Jeruzaléma do Gázy. Filip mu zvěstoval evangelium Ježíše Krista a pokřtil ho vodou. Poté se Filip náhle ocitl v Azótu. Dá se říct, že tu proběhlo něco jako „teleportace".

Aby k této teleportaci došlo, musí člověk projít duchovním průchodem, který je tvořen prostorem čtvrté dimenze, který má vlastnosti čtvrtého nebe. V tomto průchodu je plynutí času zastaveno a to je důvod, proč člověk může okamžitě překonat velkou vzdálenost.

Pokud dokážeme využít tento duchovní průchod, budeme moci ovládnout i počasí. Dejme tomu, že existují dvě místa, kde na jednom lidé trpí suchem a na druhém povodněmi. Kdyby se mohl déšť z místa povodní poslat na místo, kde mají sucho, mohl by se problém obou míst vyřešit. Dokonce i tajfuny a hurikány by se daly přesunout skrze duchovní průchody na místa, která jsou neobydlená a nezpůsobí na nich žádné problémy. Kdybychom využili duchovní průchod, mohli bychom ovládat nejenom tajfuny, ale také erupce vulkánů a zemětřesení. Znamená to, že bychom mohli zakrýt vulkán nebo původ zemětřesení pomocí duchovního prostoru.

Všechny tyto věci jsou však možné pouze tehdy, když to probíhá podle Boží spravedlnosti. Například, abychom zastavili přírodní katastrofu, která postihne celý národ, je správné, aby představitelé země požádali o modlitby. Zároveň, i kdyby se vytvořil duchovní prostor, nemůžeme jít zcela proti spravedlnosti prvního nebe. Účinky duchovního prostoru budou omezeny do té míry, aby v prvním nebi nedošlo potom, co se duchovní prostor zvedne, k chaosu. Bůh vládne nad všemi nebesy svou mocí a on je Bůh lásky a spravedlnosti.

(Konec)

Autor:
Dr. Jaerock Lee

Dr. Jaerock Lee se narodil v roce 1943 v Muanu, v provincii Jeonnam, v Korejské republice. Ve svých dvaceti letech trpěl Dr. Lee po dobu sedmi let rozmanitými nevyléčitelnými chorobami a očekával smrt bez jakékoliv naděje na uzdravení. Nicméně, jednoho jarního dne v roce 1974 ho jeho sestra odvedla na církevní shromáždění a když poklekl, aby se pomodlil, živý Bůh ho okamžitě uzdravil ze všech jeho nemocí.

Od chvíle, kdy se skrze tuto úžasnou zkušenost Dr. Lee setkal s živým Bohem, začal Boha upřímně milovat celým svým srdcem a v roce 1978 byl povolán k tomu, aby se stal Božím služebníkem. Vroucně se modlil a nesčetněkrát držel spolu s modlitbami půst, aby mohl jasně porozumět Boží vůli, cele ji vykonávat a být poslušný Božímu slovu. V roce 1982 založil v Soulu, v Jižní Koreji, církev Manmin Central Church, kde se od té doby koná nesčetné Boží dílo včetně nadpřirozených uzdravení, znamení a zázraků.

V roce 1986 byl Dr. Lee při výročním shromáždění církve Jesus' Sungkyul Church of Korea ustanoven pastorem a o čtyři roky později, v roce 1990, začala být jeho kázání vysílána v Austrálii, Rusku a na Filipínách. V krátké době se prostřednictvím rozhlasových stanic the Far East Broadcasting Company, the Asia Broadcast Station a the Washington Christian Radio System vysílání rozšířilo do mnoha dalších zemí.

O tři roky později, v roce 1993, byla církev Manmin Central Church vybrána časopisem Christian World (USA) mezi „50 nejpřednějších církví na světě" a Dr. Lee obdržel od fakulty Christian Faith College na Floridě čestný doktorát z teologie. V roce 1996 získal za svou službu od semináře Kingsway Theological Seminary v Iowě titul Ph. D.

Od roku 1993 převzal Dr. Lee vedení světové misie prostřednictvím mnoha zahraničních cest do amerických měst Los Angeles, Baltimoru a New Yorku, dále na Havaj, do Tanzánie, Argentiny, Ugandy, Japonska, Pákistánu, Keni, na Filipíny, do Hondurasu, Indie, Ruska, Německa, Peru, Demokratické republiky Kongo, Izraele a Estonska.

V roce 2002 byl většinou křesťanských novin v Koreji kvůli své mocné službě na rozmanitých zahraničních kampaních oceněn jako „celosvětový evangelista". Zvláštní význam měla jeho „Kampaň v New Yorku 2006", která se konala v Madison Square Garden, nejznámější hale na světě. Událost se vysílala 220 národům a na své

„Sjednocené kampani v Izraeli 2009" pořádané v ICC (International Convention Center) v Jeruzalémě statečně prohlašoval, že Ježíš Kristus je Mesiáš a Spasitel.

Jeho kázání se vysílají 176 národům přes satelit včetně GCN TV a v žebříčku se podle populárního ruského křesťanského časopisu In Victory a nové zpravodajské agentury Christian Telegraph za svou mocnou službu v oblasti TV vysílání a za svou zahraniční církevní pastorační službu umístil jako jeden z 10 nejvlivnějších křesťanských vůdců roku 2009 a 2010.

K září 2015 je církev Manmin Central Church kongregací s více než 120 000 členy. Má rovněž 10 000 poboček po celé zeměkouli včetně 56 domácích poboček a doposud vyslala více než 103 misionářů do 23 zemí včetně Spojených států, Ruska, Německa, Kanady, Japonska, Číny, Francie, Indie, Keni a mnoha dalších.

Ke dni vydání této knihy napsal Dr. Lee 99 knih včetně bestselerů Tasting Eternal Life before Death (Ochutnání věčného života před smrtí), My Life My Faith I & II (Můj život, má víra I & II), The Message of the Cross (Poselství kříže), The Measure of Faith (Měřítko víry), Heaven I & II (Nebe I & II), Hell (Peklo), Awaken, Israel! (Probuď se, Izraeli!) a The Power of God (Boží moc). Jeho díla byla přeložena do více než 76 jazyků.

Jeho křesťanské sloupky se objevují v The Hankook Ilbo, The JoongAng Daily, The Chosun Ilbo, The Dong-A Ilbo, The Munhwa Ilbo, The Seoul Shinmun, The Kyunghyang Shinmun, The Korea Economic Daily, The Korea Herald, The Shisa News a v The Christian Press.

Dr. Lee je v současné době vedoucím mnoha misionářských organizací a asociací. Jeho pozice zahrnují: předseda The United Holiness Church of Jesus Christ; prezident Manmin World Mission; stálý prezident The World Christianity Revival Mission Association; zakladatel & předseda výboru Global Christian Network (GCN); zakladatel & předseda výboru World Christian Doctors Network (WCDN); a zakladatel & předseda výboru Manmin International Seminary (MIS).

Nebe I & II

Podrobný náčrt úžasného životního prostředí, z kterého se budou těšit nebeští občané a krásný popis různých úrovní nebeských království.

Poselství Kříže

Mocné poselství vyzývající k probuzení všechny lidi, kteří duchovně spí! V této knize najdete skutečnou Boží lásku a důvod, proč je Ježíš jediným Spasitelem.

Peklo

Vážné poselství celému lidstvu od Boha, který si přeje, aby ani jedna duše nepropadla do hloubek pekla! Objevíte nikdy předtím nezjevený popis kruté reality dolního podsvětí a pekla.

Duch, Duše a Tělo I & II

Průvodce, který nám umožní duchovní porozumění duchu, duši a tělu a pomůže nám objevit, jaký druh ,já' jsme si vytvořili, abychom pak mohli získat moc porazit temnotu a stát se člověkem ducha.

Měřítko Víry

Jaký nebeský příbytek, koruna a odměna jsou pro vás připraveny v nebi? Tato kniha vám poskytne moudrost a vedení, abyste dokázali změřit svou víru, co nejlépe ji tříbit a dozrát v ní.

Probuď se, Izraeli!

Proč Bůh od počátku tohoto světa až do dnešního dne upírá své oči právě na Izrael? Jakou prozíravost v posledních dnech připravil pro Izrael, který stále očekává Mesiáše?

Můj Život, Má Víra I & II

Nejvoňavější duchovní vůně vytažená z života, který vykvetl z nepřekonatelné Boží lásky uprostřed temných vln, chladného jha a nejhlubšího zoufalství.

Boží Moc

Četba, která slouží jako nepostradatelný průvodce, díky němuž můžete získat opravdovou víru a zažít úžasnou Boží moc.

.

Milton Keynes UK
Ingram Content Group UK Ltd.
UKHW020649201123
432908UK00019B/2421